21世纪高等院校艺术设计专业精品教材

GUANGGAO CEHUA YU CHUANGYI

广告策划与创意

主　编　甘指南　戴建华　向家祥

副主编　杨雅儒　曹家毓　张曼娟　何　姗

南京大学出版社

内 容 提 要

本书从广告设计初学者的角度出发，以通俗易懂的语言、丰富多彩的实例，深入浅出地介绍了广告策划与创意的相关知识。本书共六章，主要内容包括广告基础知识、广告市场调研、广告定位策略、广告提案与分析、广告创意挖掘和广告策划与创意实例分析。

本书内容系统精要、通俗易懂，可作为高等院校广告设计相关专业的教学用书，也可作为广告行业培训机构基础理论的教学用书，还可供广大广告设计爱好者自学使用。

图书在版编目（CIP）数据

广告策划与创意 / 甘指南，戴建华，向家祥主编 .—南京：南京大学出版社，2022.8（2024.1 重印）

ISBN 978-7-305-26021-6

Ⅰ. ①广… Ⅱ. ①甘… ②戴… ③向… Ⅲ. ①广告学 Ⅳ. ① F713.81

中国版本图书馆 CIP 数据核字（2022）第 143237 号

出版发行 南京大学出版社
社　　址 南京市汉口路 22 号　　邮　编 210093

书　　名 广告策划与创意
GUANGGAO CEHUA YU CHUANGYI
主　　编 甘指南　戴建华　向家祥
责任编辑 尤　佳　　编辑热线 （010）82896084

印　　刷 河北鑫彩博图印刷有限公司
开　　本 889 mm×1194 mm　1/16　　印张 6　　字数 175 千
版　　次 2022 年 8 月第 1 版　　2024 年 1 月第 2 次印刷
ISBN 978-7-305-26021-6
定　　价 45.00 元

网址：http://www.njupco.com
官方微博：http://weibo.com/njupco
官方微信号：njupress
销售咨询热线：（025）83594756

---

21 世纪高等院校艺术设计专业精品教材

前言 PREFACE

美国广告大师大卫•奥格威说过："要吸引消费者的注意力，同时让他们来买你的产品，非要有很好的点子不可，除非你的广告有很好的点子，不然它就像船只一样会很快被黑夜吞噬的。"奥格威所说的"点子"即策划与创意。一个优秀的点子，能赋予广告非凡的生命力，使其让受众一见钟情，留下深刻印象，即便多年后也能记忆犹新；还可以提升企业形象，提高品牌购买率；甚至可以让一家企业起死回生，让无名企业一举成名。

如今，随着社会和科学技术的发展、企业数量的增多，广告已成为广告主推出新品、宣传形象、促进销售的不二选择，这催生了大量广告策划与创意的岗位。为适应当今社会对高素质人才的迫切需要，促进学生的全面发展，在长期广告策划与创意教学实践和理论研究的基础上，我们编写了此书。本书由浅到深、循序渐进地讲解了广告从策划到创意的关键阶段，力求让学生领会广告策划与创意的魅力，掌握策划与创意的技巧，培养懂策划、懂创意的全面型广告设计人才。

总体而言，本书主要具有以下几个方面的特色。

一、融入课堂思政元素，立德树人

本书积极践行"立德树人"的理念，以习近平新时代中国特色社会主义思想为指导，以提高学生的沟通表达能力为显性目标，以培养学生的人文素质为隐性目标，将社会主义核心价值观、以爱国主义为核心的民族精神、以改革创新为核心的时代精神等有机地融入正文内容中的各个模块，将知识、技能的学习和思政教育融合在一起，实现课程与思政协同育人。如在学习目标中融入素养目标，并在正文中列举大量国产品牌、民族企业的经典广告案例等。

二、立足时代，紧跟发展

本书立足新时代背景，充分考虑了学生的学习兴趣和认知特点，在教材内容的安排上，力求做到有

趣、生动、新颖，进而将学习过程转变为一个对未知领域探索的过程，旨在帮助学生形成一个理念（终生学习理念）；一种品格（诚信品格）；两种精神（敬业精神、团队精神）；三种意识（责任意识、法制意识、社会意识）；六项能力（就业能力、实践能力、学习能力、创业能力、创造能力、沟通能力）。

三、结构合理，轻松易学

每章首先通过“章前导读”简要介绍本章主要内容；其次通过“学习目标”让读者快速了解本章应掌握的知识点和素养目标；接着系统地讲解广告设计相关知识，并通过“经典案例”拓展所学知识，通过“课堂思考”对知识点进行发散；最后在章尾安排“本章小结”和“课后练习”，让读者在学完本章内容后能对所学知识和技能进行总结与练习。

四、拓展学习，扫码即得

本书匹配拓展学习资源，读者借助手机或其他移动设备扫码即可轻松获取，便于更好学习和掌握书中内容。

五、岗课赛证，有机融合

本书以二维码的形式介绍了国内外广告设计大赛的相关信息，并介绍了其中近年优秀的获奖作品，以此便于学生了解大赛、参与大赛，为走出校园，迈入社会实践做好准备。

由于编者水平、经验有限，书中难免存在不妥之处，敬请各位读者批评指正。

编　者

目录

CONTENTS

第一章 广告基础知识

章前导读

广告业是一个成长速度快、推广潜力大的热门产业。古代广告少，只要产品好，甚至不做推广也有客户光顾，但随着市场经济的迅猛发展，同类商品琳琅满目，无论产品多好，不做推广便不会有人知道产品的好，这导致“酒香也怕巷子深”了。

如今广告已经渗透到人们日常生活的各个领域，对广告习以为常的人们已经不再满足于广告只是用来传递商品信息，还希望从它那里得到一种精神与视觉上的享受，这使得广告人迎来新的机遇和挑战。因此，如何策划广告，如何让广告更具创意和吸引力，成为当代广告人必修的课题。

学习目标

（1）了解广告的概念。

（2）了解广告的分类、功能。

（3）掌握广告策划的原则和基本流程。

（4）夯实广告专业基础知识，为今后的学习与实践打好基础。

（5）培养严谨办事的工作习惯及解决实际问题的能力。

第一节 广告概述

据考证，广告一词源于拉丁文 advertise，其意为注意、诱导及传播。随着历史的推进和人们对广告认识的加深，原来带有静止意义的名词“Advertise”被人们赋予了具有活动色彩的词汇“Advertising”。现在“广告”已不单指某一个具体广告，其更多的是指一系列的广告活动。

中国人最早使用“广告”一词的准确时间是 20 世纪初，源于日本明治时期对英文 Advertising 译成的“广告”概念，是“广泛宣传”“广而告之”之意，即广泛而简练地宣传或告白。随着广告业的不断发展和其对社会影响程度地加深，对广告概念的论述由于认识广告的目的、角度、时代等不同，所下的定义也有所不同。多数定义都认为广告是一种“推销手段”。而全面、准确的广告定义，可以如下描述：广告是广告主通过有偿取得的、可以控制的视觉媒介和形式，对产品、服务和观念进行社会化、群体化的传播，从而有效影响公众、促成营销目的的宣传活动。

一、广告构成要素

从广告的定义中，可以明确解读出“广告是为达到预期目标的传播活动”，是一个涉及经济、媒体、市场、文化的信息传播过程。一个完整的广告活动项目包含“广告信息放送者—媒介—信息接收者”的过程，其过程主要由广告主体、广告媒介、广告内容、广告费用和广告客体 5 个相互联系的要素构成。广告业界常以传播学的“5W”模式来研究广告的构成要素，即谁（Who）→说什么（Says What）→通过什么渠道（In Which Channel）→对谁（To whom）→取得什么效果（With what effects），如图 1-1 所示。

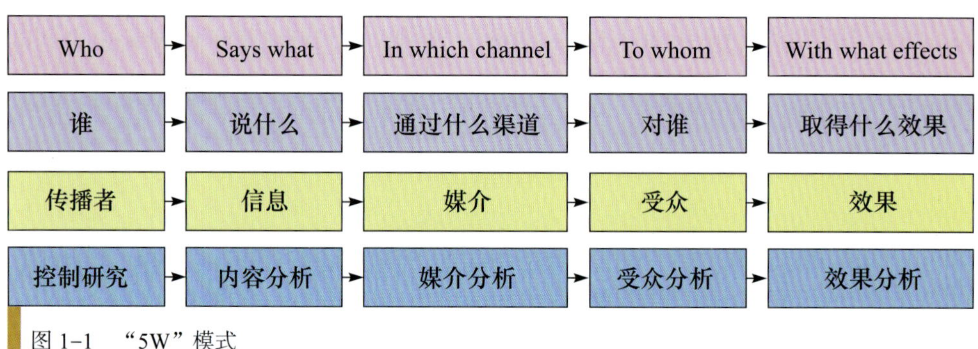

图 1-1　“5W”模式

“谁”就是传播者，在传播过程中担负着信息的收集、加工和传递的任务。传播者既可以是单个的人，也可以是集体或专门的机构。

“说什么”是指传播的信息内容，它是由策划、设计人员提炼出的一组有指向性的图文信息组合，包括语言符号和非语言符号。

“渠道”是信息传递所必须经过的中介或借助的物质载体。它可以是如信件、电话等人与人之间的媒介，也可以是报纸、广播、电视等大众传播媒介。

“对谁”就是受传者或受众。受众是所有受传者如读者、听众、观众等的总称，它是传播的最终对象和目的地。

“效果”是信息到达受众后，在其认知、情感、行为各层面所引起的反应，它是检验传播活动是否成功的重要尺度。

对于广告而言，这“5W”构成了广告活动的全部过程。它们相互关联、彼此制约，是一个有机的整体，对每一个“W”要素的把握是广告活动能否成功的基础。

二、广告类型

广告的种类也称广告的形态。随着社会经济的发展和科学技术的进步，广告已经涉及社会的各个领域，不仅与社会经济有关，而且还涉及政治、文化、社会公益等各个方面。广告因媒体形态、内容性质、广告目的、广告覆盖面的不同而不同，见表 1-1。因内容承载力、覆盖面、送达率、影响价值等方面的不同而有差异，单从广告的内容性质来说，其可分为文化广告、商品广告、公益广告 3 种类型。

表 1-1　广告的分类依据和类型

分类依据	类型
媒体形态	印刷媒体 > 报纸广告 / 杂志广告 /POP 广告 / 直邮广告等
	视听媒体 > 电视广告 / 广播广告 / 互动广告 / 网络广告 / 手机广告等
	户外媒体 > 交通载具广告 / 路牌广告 / 招贴广告 / 候车亭广告 / 霓虹灯广告 / 橱窗广告 / 气球广告等
内容性质	政治广告 / 文化广告 / 商业广告 / 公益广告
广告目的	销售广告 / 品牌广告 / 企业形象广告 / 公关广告
广告覆盖面	国际型广告 / 国内型广告 / 区域性广告 / 地方性广告 / 小众广告

1. 文化广告

文化广告是指传播教育、科技、文化、艺术、体育、新闻、出版、旅游等信息的广告。它是以满足人们精神生活需要为主要目的的一种广告类型。例如，北京作为既举办过夏季奥运会，又举办过冬季奥运会的城市，在奥运会的广告宣传中巧妙运用中国元素，全面展示了中国传统文化底蕴和拼搏向上的体育精神如图 1-2、图 1-3 所示。

图 1-2　北京夏奥会广告

图 1-3　北京冬奥会广告

2. 商业广告

商业广告又称产品广告，是以营利为目的的广告，主要通过传播媒介所进行的有关商品、劳务、市场、观念等方面的广告传播活动。商业广告是替产品对潜在消费者或现有消费者在同一时间送达“销售信息”，期望获得产品使用者、购买决策者及潜在消费者的普遍关注，提高产品或企业的知名度，达到销售产品的目的，如图 1-4 所示。

图 1-4　华为 Mate 20 营销广告

3．公益广告

公益广告是指个人、企业或事业单位不以营利为目的，利用媒体为社会提供服务的宣传广告，如保护自然资源、遵守社会道德、捐助灾民、禁烟活动、人才交流等。

公益广告隶属非商业性广告，是指为社会公众服务的非营利性的广告。它以最广泛的社会公众为诉求对象，是社会公益事业的一个重要组成部分。其主题内容多取材社会性题材，反映老百姓日常生活中关心的社会热点议题，具有社会性，它通过某种观念的传达，呼吁关注社会性问题，以合乎社会公益的准则去规范自己的行为，支持或倡导某种社会事业和社会风尚。

图 1-5 所示是第十届全国大学生广告艺术大赛公益广告一等奖获奖作品《善言、善心、善行》，通过日常口语与手势的艺术处理，倡导社会主义核心价值观中的“友善”行为，广告体现了中华民族对真、善、美的追求，青年更应该志存高远，心怀天下，承载梦想，存善心，纳善言，践善行。

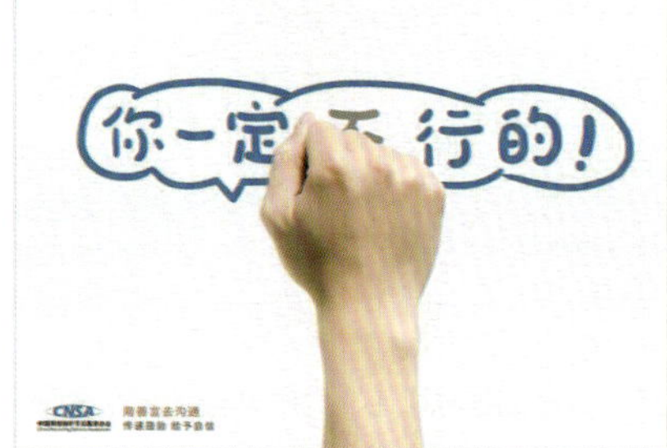

图 1-5　第十届全国大学生广告艺术大赛公益广告一等奖作品《善言、善心、善行》

三、广告的功能

广告的功能是广告所发挥的基本作用和功效，是广告以其所传播的内容对所传播的对象和社会环境所产生的作用和影响，它伴随着广告活动的产生而产生，从广告活动出现开始就一直在寻找自身独特的发展规律。

1. 广告的经济功能

广告是市场经济的产物，蓬勃发展的广告业不仅能够带动生产和消费，促进市场繁荣，推动市场经济的发展进程，为企业创造了经济效益，而且为国民经济发展做出不可磨灭的贡献。因此，经济功能是广告最基本、最重要的功能。它主要表现在以下几个方面。

（1）对消费者的影响。广告刺激需求，增加购买。广告作为产品与消费者交流的平台，可以向消费者传播产品的各种信息，将产品的优势、功能、使用方法、价格及售后服务等呈现给消费者，从而满足消费者对产品的认知需求，并通过对产品的宣传，吸引消费者，引导、刺激消费者的需求，增加消费者的购买欲望，如图 1-6 所示。同时，还可以为消费者进行消费决策提供建议，进而改变消费观念，影响消费者行为。

图 1-6　WMF 平面广告

（2）对产品的影响。广告沟通产销双方，促进流通。广告能通过塑造产品的形象，强调产品某些方面的特性、优势，使产品更接近消费者的理想状态，从而增加产品的附加价值，实现产品的品牌化，如图 1-7 所示。

图 1-7　2014 第九届中国 4A 金印奖传统组平面铜奖作品（张小泉菜刀广告）

（3）对企业的影响。广告扩大竞争优势、增强实力。广告作为企业文化形象的传播平台，通过持续的传播，可以提高产品在消费者心中的知名度和认知度，并最大限度地调动人们的情感，引起消费者的共鸣。还可以通过对企业的观念、精神、宗旨的宣传来树立企业的形象，弘扬企业文化，为企业营造良好的经营环境和内部环境，如图 1-8 所示。

图 1-8　可口可乐“开启幸福”系列广告创意

2．广告的社会功能

乔治・路易斯（美国广告首席创意指导）说过，“广告是一个有力的、足以改变社会的武器”。在市场经济条件下，广告不仅具有引导生产和消费、促进市场经济发展的作用，还具有传播文化、引导教育等社会功能。广告的社会功能主要体现在以下 3 个方面。

（1）传播高尚情操，引导价值观念。广告通过传播新的生活观念，提倡新的生活方式和消费方式，形成一种适合国情和与一定生活水准相协调的社会消费结构，推动社会经济的发展，促进社会公共事业的进步。同时，优秀的广告所传达的信息能够对公众的社会道德产生正面的教化作用，有利于培养人们正确的生活方式和美好情操，有利于和谐文明风气的形成，如图 1-9 所示。

图 1-9　2021 年全国节能宣传周“节能降碳・绿色发展”

（2）美化社会环境，丰富人们的生活。广告本身具有审美作用，是广告让路牌与雄伟独特的建筑联系在了一起；是广告让多彩的霓虹灯与城市的古老文明结合在了一起；是广告把围墙或建筑物装饰一新；是广告为人们提供便利。广告已成为现代文明的一部分，成为经济繁荣的象征。

【经典案例】

寒冬知道，你我之间，有不可战胜的春天

美的携手创意代理商美赞，以"温暖"为切入点，寻找冬天最温暖的记忆。为此，美的搭建了一个避风公交车站，当陌生人坐在两端，便可开启站内的空调暖风，在等车的温暖片刻间，我们得到的远不止于此。

搭建一个公交车站或许算不上一件了不起的事情，也可以理解为这只是一场简单的品牌营销。但不可否认，严冬里，世界的一角又多了一份温存，这种温暖的温度是实实在在的，烟火气也在这中间绵绵不息。温暖、幸福并不是一个虚无缥缈的词汇，品牌用最简单的故事将视线重新汇聚到产品改变社会的可能性上，通过创造社会价值来驱动品牌价值的提升。

温暖公交站

第二节　广告策划的原则和流程

"策划"这个词，在古今中外有着不同的含义。根据《辞海》中的解释，策划是人们事先的筹谋活动；《词源》把策划解释为筹划、计划。总之，策划就是想办法、出主意的意思。学者们对广告策划的定义众说纷纭，综合专家学者们的定义，这里对广告策划做如下定义：广告策划，是根据广告主的营销计划和广告目标，在市场调查的基础上，制定一个与市场情况、产品状态、消费群体相适应的、经济有效的广告计划方案，并加以评估、实施和检验，从而为广告主的整体经营提供良好服务的活动。

广告策划可以分为整体广告策划和单项广告策划两种形式。整体广告策划是指具有系统性的、规模较大的、一连串的、为达到同一目标所做的，将各种不同广告进行组合的策划；单项广告策划是指为一个或单一的广告进行的策划。单一的广告策划，可以使单个广告增强说服力，提高广告效果，顺利实现其想要达到的目的。

一、广告策划的原则

为了能更好地进行广告策划，除要遵循产品特性外，还需要掌握相关原则。

1. 效益性原则

广告活动除了是一种经济活动外，也是文化、理念等信息的传播，因此，广告策划的效益性主要体现在经济效益和社会效益两个方面。

2. 整体性原则

广告策划由策划主题、策划对象、策划依据、策划方法以及策划结果等要素构成，这些要素环环相扣，共同构成一个协调统一的整体。

3．目标性原则

明确目标是广告策划的首要问题，广告策划过程中经常会出现多个目标或多重目标，如果企业希望广告面面俱到，那么最终可能一事无成。正如大卫•奥格威(被誉为现代广告教皇) 所说："贪得无厌的心理会使品牌落得一个完全丧失个性的下场，欲振乏力，一事无成。在今天的商场上，一个四不像的品牌很难立足，就好像太监无法当皇帝一样。"可见广告策划必须紧紧围绕广告的总目标，只有系统配置资源，才能提高广告的效能，最大化地发挥广告效益。

4．指导性原则

广告策划的最终目的是对广告活动的全过程起到指导作用，如在调研准备阶段，调研目标和范围的确定可以保证一定的样本数量，也可以确保广告策划的科学性，从而降低成本；在策划实施阶段，对广告投放时间的把握、广告媒体的选择等，可以让广告活动在广告策划的指导下顺利展开。

二、广告策划的过程

广告策划有着严格的系统性，一个较完整的广告策划主要包括市场调查、广告定位、创意制作、广告媒介安排、效果测评等内容。通常，一个广告策划如果单从业务流程上操作，由以下阶段和步骤构成，如图 1-10 所示。

图 1-10　广告策划的过程

1．接洽客户、订立合同

接洽客户、订立合同是广告策划的第一步。

2．调查与研究（分析阶段）

分别对消费者的年龄、性别、职业、收入、居所、教育、购买力、社会地位、家庭结构等进行调查；对商品的价格、用途、销售情况、知名度、利益点等进行研究调查；对市场、营销环境、竞争对手等进行调查与研究。

3．战略策划与广告策略（规划阶段）

此阶段包括对制定广告目标、广告政策、产品定位、广告创意表现、广告主题与媒体的表现、广告费用预算、促销等一系列广告策略的研讨，同时要制定市场特性、媒体特性、销售额、定价、折扣等媒体战略。

4．广告制作与发布（执行阶段）

此阶段包括表现计划的实施、广告媒体计划的实施、其他活动的实施与广告的发布。

5. 效果评定（控制阶段）

此阶段要对广告主题、广告创意、广告文案、广告作品等内容采用消费者评判、心理仪器测验、节目分析以及可读性测评的方法进行广告最终效果的评定。

【本章小结】

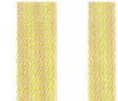

本章主要介绍广告的构成要素、类型、功能，以及广告策划的原则和流程。广告策划是对广告活动整个过程的运筹与谋划，熟知广告基础知识，掌握广告策划的原理和流程是广告从业人员创作与营销活动的核心与出发点，也是广告活动成功的关键。现代广告是集谋略与科学程序于一体的艺术，只有将科学的谋略和艺术化的创意思维相结合，踏实而富有创造性地做好每项工作，才能真正实现广告策划的目的，理解广告策划的根本理念。

【课后练习】

（1）发现身边的精彩广告，认知广告与文化的关系。你看过印象最深的广告，觉得最有意义的商业广告或公益广告是什么？

（2）在互联网的招聘网站中搜索广告策划相关岗位，查看岗位要求、薪资等信息。

第二章 广告市场调研

章前导读

广告市场调研是广告设计的第一步，是一则广告的根基所在。1998 年，农夫山泉提出了天然水的营销概念，从此之后，农夫山泉开始打造“天然健康水”的概念，在 2008 年，农夫山泉将口号从“农夫山泉有点甜”改为“我们不生产水，我们只是大自然的搬运工”。这句文案从之前强调水的口感和品牌的差异性上转变为主打水的“品质”和“质量”，并以“搬运工”自居，一方面体现了水产品的纯净澄澈，另一方面体现了品牌的匠心。这两句文案在农夫山泉不同的上升时期，为农夫山泉确定了产品差异性和品牌文化。

广告市场调研是一项具有目的性、实践性和相关性的活动，对于企业的决策者和广告的策划者都是十分重要的。没有经过市场调研而生产的产品，很难在市场上立足；没有对市场进行调研分析与预测，广告策划与创意也是无根据的、盲目的，不可能获得预想的广告收益。

学习目标

（1）明确广告市场调研的目的，熟知市场调研的内容，掌握市场调研的基本流程。

（2）理解市场调研的重要性，能够运用市场调研方法，收集整理调研资料。

（3）学会使用正确的广告市场调研方法进行广告策划的前期调研，并能按照要求撰写一份完整的广告市场调研报告。

（4）树立勤奋敬业、实事求是、遵守专业规矩的职业素养和工匠精神。

第一节 广告市场调研的目的和要求

广告市场调研是广告活动的开端，也是后续广告环节决策的依据。所谓广告市场调研是以科学的方法，有系统地、有计划地、有组织地搜集、调研、记录、整理、分析有关产品或劳务及市场等信息，客观地测定及评价，发现各种事实，用以协助解决有关营销的问题，并作为各级营销决策的依据。

一、广告市场调研的目的

1．产品定位

通常市场调研，可以将某种商品的市场位置加以确定，通过这种产品定位进而推导出产销策略定位，并且做出产品的广告定位。市场调研的一个重要作用就是使广告的定位更切合实际，扩大产品的知名度和美感度，进而巩固产品的市场。

2. 选择广告策略

广告策略是多种多样的，没有固定的或专一的模式。确定以何种广告策略表达营销的目的，归根结底在于对市场的符合和对实际的了解，只有通过对市场的分类与对市场的不同层次消费群体的分析，才能提出有针对性的广告策略，没有深入的市场调研，便无法制定具体有效的广告策略，所以，广告调研是选择广告策略的前提和手段。

3. 确定广告媒体的方式

不同的商品，不同的消费者，不同的消费区域和时机，其广告媒体方式所起到的促销作用是不同的，市场调研可以使广告策划者根据不同的市场行情、消费走势，以及社会文化的背景条件，确定最适当的广告媒体方式，最有效地达到推销、促销的目的。

4. 寻求最佳的广告诉求点

“消费者是上帝”这一商界格言，说明了消费者在现代市场经济中所处的重要地位。在广告活动中，广告策划者必须以消费者为中心，关注消费者的兴趣、消费态度和消费方式等，围绕消费者策划广告，寻求最佳的广告诉求点。市场调研的目的就是通过广泛深入的市场调研内容，确定广告的最佳诉求点，达到与消费者的良好沟通，从而促进市场的运转，如图 2-1 所示。

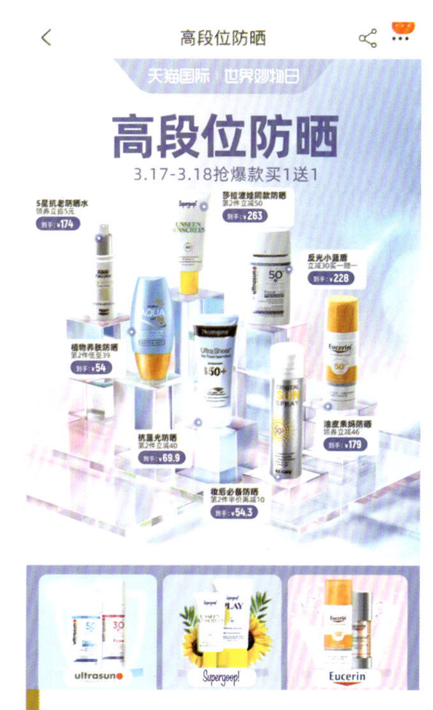

图 2-1　防晒化妆品广告

5. 确定广告时机

广告时机的选择是广告策划的重要内容，也是广告媒体选择程序中的重要步骤，广告时机的选择不是主观随意的，从根本上说要服从市场的变化和消费者需要，所以，市场调研的一个目的就是把握广告推出的最佳时期，以便获得事半功倍的效果。例如，电商会在每年的各大节日举办促销活动，推出各式各样的广告，集中打折降价，如图 2-2 所示。

图 2-2　天猫双 11 广告

二、广告市场调研的要求

广告市场调研是一项目的性明确、实践性突出的工作，无论是对企业的决策者，还是对广告的策划者来说，都是十分重要的。没有经过市场调研的产品，是不宜轻易生产经营的，没有对市场进行调研分析及预测，广告策划与创意也是无根据的、盲目的，不可能获得预想的广告收益。因而，市场调研的基本要求，就是企业的全部营销战略（其中重要的手段之一就是广告）都要服从市场（消费者）的需要和要求，主要有以下几个方面。

1．广告市场调研必须经常性地进行

市场是一个千变万化、错综复杂的动态系统，这就要求市场调研必须有步骤地经常进行，否则市场调研就不可能及时发现市场出现的新情况、新趋势、新特点，企业也就不能及时采取应变措施，其结果不但使新产品难以打开销路，就算名噪一时，十分抢手的产品也会因此而逐渐失去竞争力变成滞销产品，所以，必须确立市场调研的长远规划，经常性地进行市场调查，时刻把握市场动向，真正发挥市场调研在营销广告策划与创意中应有的功效。

2．广告市场调研必须有目标地进行

确立市场调研目标是广告市场调研成功的关键，只有根据市场调研目标广告工作者才能确定广告策划的主导思想，预测市场发展的趋向，构思广告的方针和策略。市场调研目标有总体目标（大方向）与具体目标（细节）层次上的差别，但都要求和广告策划的主题紧密结合，这样才能使广告策划有的放矢，发挥其特有的功效。

3．广告市场调研必须遵循精确性原则

市场调研的对象越宽泛，市场信息越复杂，市场的发展变化越迅速，就越要求市场调研的科学精确。广告市场调研的精确性包括 3 个方面的内容。

（1）无论采何种调研方法，调研者都要确保得到的第一手资料真实可靠，尽可能符合市场发展的实际情况。

（2）在调研材料的概括分析上，必须采取从现象进入本质的概括分析方法，从而使广告市场调研出的结论更科学、更合理。

（3）市场调研与广告手段应紧密结合，使营销战略建立在更扎实、更牢固的基础上。

第二节 广告市场调研的内容

市场调研内容有市场环境调研、广告主企业经营状况调研、产品情况调研、市场竞争性调研、消费者调研等。

一、市场环境调研

广告市场环境调研分为宏观环境调研与微观环境调研，如图 2-3 所示。

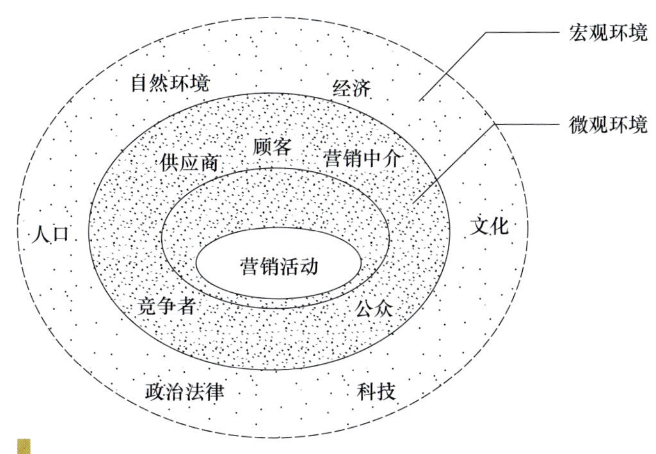

图 2-3　宏观环境调研与微观环境调研

宏观环境调研主要包括以下 4 点。

（1）市场已具备的政府政策、相关法律法规等政治法律环境。

（2）市场已具备的社会购买力、区域消费能力、市场广告强弱、广告时间成本等社会经济环境。

（3）广告活动目标消费群的价值取向、受教育程度、风俗习惯、消费行为观念等社会人文消费环境。

（4）广告活动开展所需要的媒体渠道、专业技术创新、持续技术服务等产业技术发展环境等。

微观环境调研主要包括广告活动或产品的市场需求与供给能力、竞争对手的市场地位与竞争战略、企业自身目标和资源、企业与供应商（中间商）关系、消费者对企业和产品的态度等。

二、广告主企业经营状况调研

要了解服务的企业，包括它的历史、现状及期望、企业实力、市场区域、市场地位、品牌形象、社会声誉，以及企业关于经营的各方面策略等，当然还有一些如企业独特的文化、理念、销售人员素质、服务态度等也需要关注。

企业的实际情况是广告活动能否有效执行的最重要的因素之一。所以，调研时也需要明确企业对广告的态度，包括具体的目标、预算、市场期望等，应该实事求是、客观分析、理性沟通，否则可能造成合作关系的障碍等。

三、产品情况调研

广告产品情况调研主要需要了解广告产品的 3 个层次。

（1）核心产品：即购买者所追求的利益。

（2）有形产品：包括外观、式样、质量、包装和品牌名称等。

（3）附加产品：包括安装、售后服务、保修、送货、信贷等。

调研时要把产品各层次的理性利益（功能利益）和感性利益根据主次、优劣进行排序，对广告产品的销售力、品牌力、竞争力做出客观分析，从产品各层次的分析数据中找到突破口，为后续的广告产品定位做好足够的依据准备。

四、市场竞争性调研

对于竞争者，不仅要在他们的广告产品、广告策略、广告创意、广告效果上下功夫，还应该把产品放在预设营销组合的框架中进行具体事项的比较、分析。在市场竞争中，企业需要分析竞争者的业务分布、品牌数量、管理决策能力等优势与劣势，做到知己知彼，避其锋芒、攻其弱点，才能有效体现调研的灵活性、适应性和前瞻性。

五、消费者调研

目标受众调研就是了解目标用户群对产品的认知程度，总结目标用户群的问题，提出最合理的解决方案。用问题引导目标受众，以讲故事的方式来挖掘其心理需要。问题的设定，例如，您是如何知晓并购买产品的？您会如何向别人形容产品的特点？产品对于用户哪些功能是必需的，哪些功能是最好要有的？用户在什么情况下“想起并找到”该产品？用户觉得产品与竞品的明显差异是什么？

目标受众调研的方向越聚焦，调研结果就越有价值。在具体的调研过程中，可先挑出大量符合行为的用户，再选择部分目标用户，针对性分析（用户画像），根据调研时间、地点、感兴趣程度选定合适调研的用户，分析调研可能碰到的问题和解决方案，猜测用户需求并提出解决方案，进行问题引导式调研，把解决方案变成可执行的样本。

另外，目标受众调研除了解消费者购买行为决策过程及影响因素外，还需要了解购买者的行为模式，询问具体问题，如图 2-4 所示。

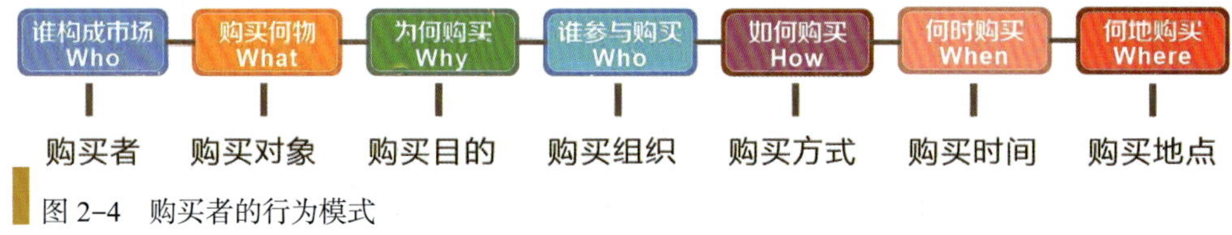

图 2-4　购买者的行为模式

【课堂思考】

有人说广告策划不做市场调研如同盲人骑瞎马。你认同这一观点吗？结合实际谈谈你的看法。

第三节　广告市场调研的基本流程

根据常规，广告公司接受企业委托进行广告策划活动时，一般应按照以下工作流程进行广告市场调研。

一、选择合适的成员，成立策划小组

在一般情况下，一个广告策划小组应该包括以下成员：客户主管（又称AE）、总体策划者、广告创作人员（包括广告创意人员、文案撰稿人、美术设计人员、制作人员等）、市场调研人员、媒介联络员、公共关系人员等。一般来说，一个策划小组以3～6人为宜。除核心的策划小组以外，建议增加一个外围的支持小组，为策划小组提供咨询与资料等。

需要注意的是，客户主管具有双重身份，不但在小组内部负责整个工作的开展，还在外部负责与广告主的对接工作。

二、明确分工，分配任务

明确广告策划的任务就是要确定广告内容、广告受众、广告效果等方面的具体内容。根据广告策划的具体任务内容，划分具体的人员，负责市场调研资料的收集和整理，讨论广告策略具体的内容，确定策划实施的创意设计、文案撰写和设计制作。

三、会商研讨广告策略，具体策划

广告策略是广告策划者在广告信息传播过程中，为实现广告战略目标所采取的对策、方法与手段。广告策略可划分为产品策略、广告市场策略、广告发布时机策略、广告媒体策略、广告表现策略、广告促销和活动策略等，广告公司应根据实际情况选择广告策略。

四、撰写广告策划书

广告策划书是广告策划的产物，是广告策划过程中所决定的战略、策略、方法、部署及步骤的书面体现。撰写广告策划书的目的是给广告活动提供一个行动大纲，对复杂广告活动的进程和行动予以协调。广告策划书没有标准格式，根据广告活动的规模和要求编写，内容或长或短，或简单或复杂。但通常其内容可以依照策划的流程文本展开，具体包括以下几个要素。

1. 前言

前言主要阐明广告目的，说明此次策划的任务和目标。广告公司各部门和广告主通过阅读这一部分的内容，就可以对整个广告策划的主要内容有所了解。

2. 市场环境、产品和消费者分析

首先根据对产品或商品的研究，了解产品或商品的自身特性，再根据现今市场的需求及市场中同类产品或商品的情况，进行逐一比对，分析优势和劣势；然后根据目标人群的需求和特点，对产品或商品的某些部分提出改进或建设性的建议。

3. 广告定位和广告目标

根据自身产品或商品的优势，取长补短，选择可以凸显个性化和彰显品牌形象的宣传手段和方式，以达到符合产品或商品战略营销的目的。

4. 目标消费者和目标受众的确定

随着同类商品的日趋增加，企业在推出新产品或商品时，不能采取盲目的、全面出击的方式，而是应根据前期的市场调研，结合企业自身的特点和长处，选取有代表性的方面，挖掘产品或商品深层次的内涵，从而明确目标人群，提高广告效果。

5. 广告表现

广告表现是利用受众视觉、听觉等传递的信息的过程。广告要表现的主题内容可通过广告创意、形象、画面、语言文字、广告衬托等具体内容体现。

6. 媒介策略

可利用报纸、杂志、电视、广播、网络等媒介，在选用媒介时，需考虑各类媒介交叉配合使用的情况，以更好地传播产品或商品信息加以说明。

7. 广告预算分配

根据广告策划的内容，详细地列出选用的媒介价格、物料费用、广告播出段的价格等，并汇编成表格。

8. 广告效果预测及安排实施

广告效果测定在企业同意遵照广告策划实施广告活动的前提下，预测可以达到的营销效果。

五、提交广告策划书

美国广告学专家威廉·博伦认为，广告策划书是广告代理（广告公司）给客户（广告主）的一份作战计划。由于多数广告主在广告方面的知识有限，加上广告主高层主管的工作繁忙，在广告方面花费的时间和精力有限，不可能有充裕的时间阅读一份完整的广告策划书。因此，广告策划书一般通过视听媒介（PPT 讲稿），以口头说明的方式，将广告策划重点呈现给广告主。这样面对面的口头报告，可以充分利用人际传播的特点，形成双向沟通，使广告主快速理解广告策划书的背景和要点，使广告策划的结果更具有说服力，如图 2-5 所示。

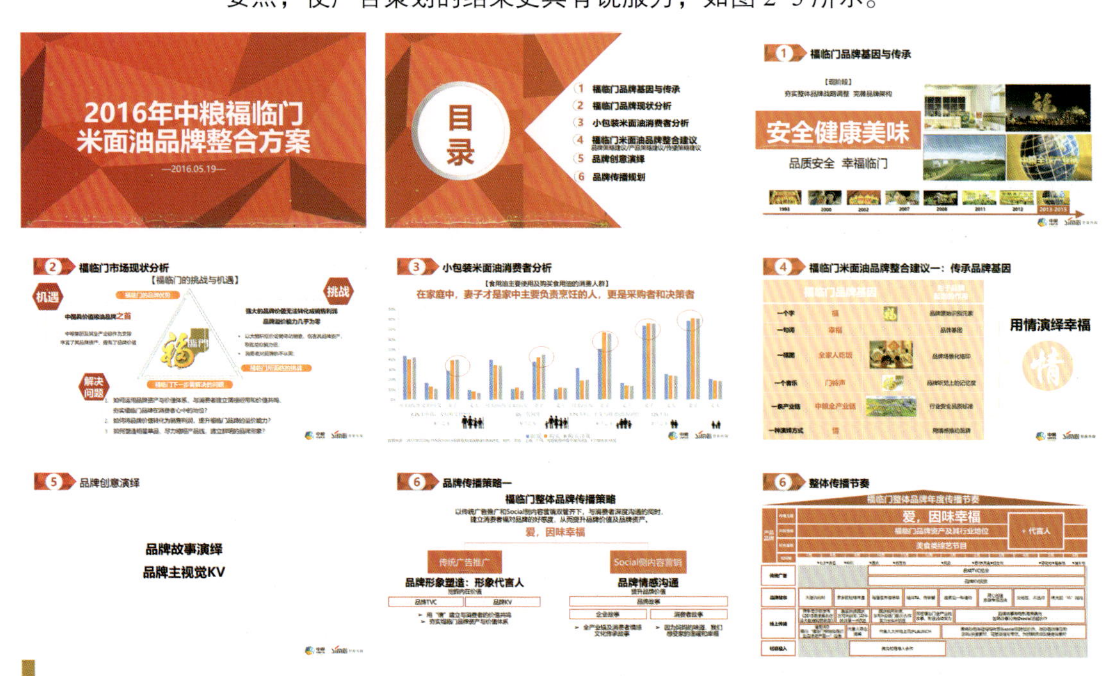

图 2-5 2016 年中粮福临门米面油品牌整合方案（部分）

需要注意的是，广告策划书通过后，将进入具体的实施阶段，在此阶段中广告策划小组依然存在，主要负责监督具体的实施工作，及时修正不适宜的计划，以及着手安排广告效果的测定等。

第四节 广告市场调研的方法

广告市场调研方法一般可分为文案调研法、访谈调研法、抽样调研法、市场普查法、典型调研法和观察实验法等。需要注意的是，无论采用何种调研方法，资料都必须是根据客观需要收集到的，收集时秉持实事求是、科学研究的态度，不得掺杂任何主观意见。

一、文案调研法

文案调研法又称间接调研法，是指根据一定的调研目的，利用企业内部和外部现有各种信息，对调研内容进行分析研究的一种调研方法。

二、访谈调研法

访谈调研法是广告市场调研中最常用的方法，是通过面谈或问卷的方式向被调研者提出询问，获得所需资料的调研方法。常用的访谈调研法有 3 种方式。

（1）走访调研法：通过调研人员直接走访被调研者，从中了解情况和搜集所需市场资料。

（2）电话采访调研法：通过电话询问方式进行调研。

（3）邮信问卷调研法：通过邮递问卷方式进行调研。

三、抽样调研法

抽样调研法是从被研究的总体中抽出一部分个体作为样本进行分析、概括，以此推断整体特征的一种非全局性调研方法。实施这种方法要注意抽样的客观性，避免主观人为倾向。另外，选点取样要具有代表性，使样本等特征能较为充分地表现事物的总体特征。由于样本的选择直接影响调研的质量，所以，使用抽样调研法须特别注意。

四、市场普查法

市场普查法是以市场总体为调研对象的一种调研方法，是为了了解市场某种现象在一定时空上的情况而进行的一次全面调研。市场普查法通常是由专门的普查机构来主持，需要组织统一的人力和物力，确定调研的标准时间，提出调研的要求和计划。由于市场普查法的侧重点是宏观的，具备全面性、精确性，相对稳定，能为制定切实可行的广告策划提供宏观科学依据，是非常专业的调研方法之一。

五、典型调研法

典型调研法是对市场中的典型消费进行深入调研的一种方法，其特点是较为节省人力、财力，取得资料也较快。例如，从女性化妆品的购买状况这种典型调研来预测化妆品市场的发展趋势。

运用该方法要求调研人员对被调研团体非常了解，这样可以避免选择非典型事例作为调研对象。例如，在调研城市居民对牛奶口味的需求中，青年组对牛奶口味的需求与老年组对牛奶口味的需求显然不同，这就需要选择不同的典型样本。

六、观察实验法

观察实验法是指注意调研现场情形的一种调研方法，它通常分为观察法与实验法两种方式。

（1）观察法是指调研人员对被调研者的行为与特点进行客观现场描述。如市调研人员到购物中心观察某类产品的销售情况、推销方式、消费者情况等。观察法具体包括直接观察、痕迹观察、行为记录等方法，其特点是可以通过设备（录音、录像、照相、自动监测仪等调研机器）客观地记录事实现状和经过，使收集资料具有较高的准确性和可靠性。

（2）实验法是通过小规模的实验来了解产品及其发展前途，借此把握消费者的评价意见，其特点是调研结果较为客观、准确，但实验的时间较长，成本较高，有些实验因素也难以控制。例如，要了解消费者对某种新产品的评价，就可以选择对某些新产品进行实验，进而进行试销调研。

总之，市场调研实际上是一项寻求市场与企业之间“共谐”的过程，所以，市场调研一定要“倾听”消费者的声音。不仅要了解市场规模、产品结构、竞争对手情况，目标受众各层次的物质需求、生活需要、性别特点、价值取向等，还需要深入目标受众的消费习惯、消费观念及消费场所，只有这样，才能更直接地让每一次的广告活动都直入他们的内心深处，引起他们的共鸣和认同，有效地促使他们去了解产品并做出消费行动。

第五节 广告市场调研问卷的设计

一、广告市场调研问卷概述

1．广告市场调研问卷的概念

广告市场调研问卷是一种用于收集市场研究所需信息的工具，包括为了达到调研目的和收集必要数据而设计好的一系列问题。在市场研究中，凡是使用访谈法收集资料，都离不开调研问卷的使用。

2．广告市场调研问卷的作用

广告市场调研问卷是一个纽带，它连接着研究目标与被研究者，调研目的必须

转化为具体的问题才能从被研究者那里得到所需信息。调研问卷的使用主要是在定量研究中。标准化的调研问卷，可以衡量问题的代表性，为后续的广告活动提供数据支持。

3. 广告市场调研问卷有效性的判断标准

（1）是否充分考虑了被访者的回答能力。一份篇幅过长、问题不明确、内容繁杂的问卷加上漫长而枯燥的询问，会失去众多潜在的应答者。为了收集到有效回馈，问卷应当简洁、生动，具有逻辑性并且方向明确。

（2）是否满足编码和数据处理的要求。信息收集完毕后要进行编码，以便于更快、更有效地处理数据。调研问卷的设计要有利于事后数据分析。

（3）能否为决策者提供必需的决策信息。问卷的主要作用是为广告决策提供所需信息，一份好的问卷要能够与客户进行深度沟通和交流。

4. 确定问题清单及测量指标

列出详细问题，要考虑到本次调研采用的搜索资料的方法，如采用入户调研、电话调研或其他方法，不同的调研方法对问卷设计的要求不同。测量指标是指每个问题下面的选项。在实际调研中，一个问题有多个选择项目，所以，将其称为一个变量，如调研收入，应根据需要设定多个收入等级。

5. 确定问题的回答形式

（1）开放性问题：指只提出问题，没有预先给出选项，完全由被访者根据个人看法，用自己的言语来回答和解释相关问题。例如：您购买 ×× 品牌洗衣粉的主要原因是________?

（2）封闭式问题：指一种预先给定选项，要求被访者从中做出选择的问题。一般有两项选择式、多项选择式、等级式等。

（3）半开放式问题：指同时具备开放式和封闭式特征的问题形式，较为典型的形式是在列出一部分选项后，再加上“其他”一项，让被访者自由发挥。例如：您平时看电视主要是在（　　）。

A. 家中

B. 寝室

C. 学校食堂、教室等公共场所

D. 校外录像厅、商场等公共场合

E. 其他________

6. 问题的表述

问题表述主要是指如何遣词造句，选择被调研者能够理解的词语与表达方式将问题表述出来。问题表述的基本原则有以下 3 点。

（1）合理性原则：所提问题是必需的，还要考虑到问题是否适合被访者回答。

（2）科学原则：问题提问不能带有任何倾向性，问题表述要准确。

（3）艺术原则：问题的表述应当充分考虑到对被访者的情感影响，尽量不要使被访者感到为难甚至反感。

二、广告市场调研问卷的问题编排

问题的编排是以被访者回答心理为基础的。问题编排遵循“漏斗原则”。具体来说，要注意以下 4 点。

（1）一般性问题放在问卷开头。
（2）较为复杂、需要思考的问题放在问卷中间。
（3）在关键地方插入鼓励性或提示性话语。
（4）把敏感性问题、威胁性问题和涉及个人信息等相关问题放在最后。

三、广告市场调研问卷测试与修订的注意事项

（1）问题是否有必要。
（2）问卷篇幅是否合适。
（3）问卷是否回答了调研者所需要获取的信息。
（4）问卷测试后，应进行修订，待完善后，方能定稿。

四、广告市场调研问卷的基本结构

（1）说明信（前言）：调研活动的组织者向被访者进行调研目的与要求的说明。
（2）甄别问题：用于选择适合被访条件的被访者，以提高调研的有效性。
（3）主体部分（主问卷）：是调研的核心部分。
（4）背景资料：被访者的人口统计资料，如性别、年龄、收入、学历、职业、家庭规模、婚姻状况等。
（5）结束语：向被访者表示感谢的话。

五、广告市场调研问卷的评估

一份优秀的调研问卷应符合合理、科学、艺术三大标准，具体来说，主要有以下参照标准。
（1）问题应适合被访者，避免代表性偏差。
（2）正确使用测量尺度。
（3）避免出现被访者可能不明白的缩写、俗语或生僻用语。
（4）问题表述要具体、准确，不能含糊。
（5）充分照顾到被访者的心理和记忆规律。
（6）注意问题的编排顺序。

第六节 广告市场调研报告

广告的市场调研报告是整个调研工作的总结，调研的过程包括计划、实施、收集、整理等一系列过程，是通过对资料的收集与整理及客观的分析得出的科学论断，也是客户需要的最重要的书面结果之一。它是一种沟通、交流形式，其目的是将调研结果、战略性的建议、其他结果传递给管理人员或其他担任专门职务的人员。因此，认真撰写调研报告，准确分析调研结果，明确地给出调研结论，使该调研报告建立起严密的逻辑关系，是整个调研过程的关键。

一、广告市场调研报告的功能

广告市场调研报告的功能主要有以下 3 个方面。

（1）证明调研过程的真实性与科学性。

（2）阐述调研结果，提出合理化建议。

（3）具有文献功能，可作为信息资料文件以备查阅和参考。

二、广告市场调研报告的构成

一份规范的广告市场调研报告一般应包括以下 7 部分内容。

1. 标题和目录

标题一般包括调研项目名称、客户或委托人、调研公司名称及项目负责人、报告撰写日期等；目录主要包括调研报告中各章节的主要内容。

2. 摘要

摘要需用简洁、清楚而概括的语言，简明扼要地说明调研的主要结果。

3. 调研背景与目的

一般在调研背景中需要着重说明两个问题。

（1）企业的产品或服务当时面临的问题或所处的状态?

（2）在这种状态下，需要通过调研解决什么问题?

调研目的通常是基于背景分析存在的问题提出的，一般是为了探究市场上某种情况或论证某种假设。

4. 调研内容

调研内容一般包括调研地域范围、调研对象、样本容量、抽样方法、资料采集方法调研实施过程及问题处理、调研人员基本情况介绍、资料处理方法及工具、样本回收情况及有效样本。

5. 调研结果

调研结果是对原始调研数据与资料处理、统计、分析后得出的结果。数据的分析与结果是报告的主体部分。

6. 结论和建议

这部分是调研报告中非常重要且决定着后期决策的一部分，须谨慎思考并提出建议。

7. 附录

附录一般包括没有被列入报告正文的图表等原始资料，可用来佐证或进一步说明已经包括在正文中的资料。

三、撰写广告市场调研报告的基本要求和注意事项

1. 基本要求

（1）从整体上讲，广告市场调研报告应语言简洁、有说服力，表述尽量专业化，能让策划人员了解调研过程的全貌。

（2）广告市场调研报告必须以严谨的结构、简洁的体裁，将调研过程中各个阶

段收集的有关资料组织在一起。

（3）确保调研数据与统计资料准确无误。

（4）充分利用各种形式来说明现实资料所反映的问题。

（5）要对调研所要解决的问题有明确的结论和建议。

（6）版面工整、匀称，版式美观，易于阅读。

2．注意事项

撰写广告市场调研报告中易出现以下问题。

（1）篇幅过长，质量欠佳。

（2）对资料的解释不充分、不准确。

（3）内容偏离调研目标。

（4）用长篇幅、复杂的统计分析技术得出常识性结论。

【本章小结】

本章介绍了广告市场调研的目的、要求、内容、流程和方法，同时讲述了广告市场调研问卷的设计和调研报告的撰写。广告市场调研是广告活动顺利进行的一种必要的前期准备，广告调研的展开，需要有针对性地遵循一定原则，运用相应的调研方法，对其所进行的调研对象总结市场调研的结果。让参与广告活动的人员了解市场、了解产品、了解消费者，从“生产导向”转移到“需求导向”。

【课后练习】

作业实践：完成一份广告市场调研报告。

要求：涵盖广告市场调研的几大内容，数据详细；表格图例设计科学，目标结果明确。

2 000 字左右，提案 PPT 20 页以上。

时间：1 周。

第三章 广告定位策略

章前导读

明确产品要卖给谁是定位的关键。元气森林立足于“出嗝青年”这一概念，推出“无糖”饮料，并紧跟年轻人的“颜值消费”，创新自己的包装设计，推出了一部新短片《冒泡吧，出嗝青年》。此次宣传进一步巩固品牌与青年一代之间的关联性，强化品牌记忆。

冒泡吧，出嗝青年

所谓“消费者是上帝”，就明确地说明了消费者在现代市场经济中所处的重要地位，对于广告活动来说，应适应瞬息万变的现代商业竞争环境，广告宣传活动需要及时改变传统宣传模式，开启实效的广告活动，从广告市场调研出发，运用广告媒体宣传来精准覆盖目标消费者，以保证广告活动宣传的有效性，提出有针对性的广告策略，更好地服务于广告活动。

学习目标

（1）明确广告市场调研的目的，掌握市场调查的流程，熟知市场调研的内容。

（2）理解市场调查的重要性，能够运用市场调研方法，收集整理调研资料、分析数据。

（3）熟悉广告媒体，能够根据广告媒体特性进行传播渠道的组合投放分析。

（4）培养广告策划者换位思考、抓重点的能力，在工作中以优秀创作者的标准要求自己，追求精益求精的匠心品质。

第一节 广告定位概述

一、广告定位的含义

广告定位是现代市场学中“市场定位”理论在广告中的运用，此理论是1969年6月美国广告人杰克·特劳特在《工业营销》杂志发表的《定位：今天“ME TOO”市场中的竞赛》中正式提出。他指出，在产品时代和形象时代之后，广告已进入一个以定位策略为主的时代，其广告理论的核心：广告活动不在于怎样规划，而在于广告的商品在消费者心目中的位置。他认为，随着消费者文化水平、生活水平的不断提高，市场商品越来越丰富，消费者越来越注重商品的品牌和形象，更乐于选购符合自己心理需求、具有某种形象意义的商品。而对于企业来说，产品形象直接影响产品的销量。通过广告为产品创造一定的特色，以区别众多同类产品，使之在特定消费者的心目中占据有利位置，在消费者心中树立良好的形象。

广告定位是现代广告理论和实践中极为重要的观念，是指广告主或广告公司根据目标消费群体对某种产品属性的重视程度，将广告产品确定于某一市场位置，使其在特定的时间、地点，对某一特定的目标消费者产生效果，以利于与其他企业产品竞争中取胜。广告定位的目的是要在广告活动中为企业和产品创造、培养一定的特色，树立独特的市场形象，从而满足目标消费者的某种需求，以促进企业产品销售服务。

二、广告定位的作用

1. 突出商品信息个性

商品信息个性是指商品的突出特点，也是广告的主要诉求内容。因此，强调商品能让消费者满意的某个特点，比罗列商品优点更能吸引消费者。要突出商品信息个性，首先要有恰当的广告定位。因为只有明确了广告的定位，才能明确商品广告面对的用户，如这些用户有什么消费习惯，他们的关心点是什么，追求的是什么，本商品有哪些特点或属性最能诱发他们的兴趣、满足他们的需要等，进而找出本商品的信息个性。如果定位不当就难以找准商品的信息个性，即使有巨额的制作费用支撑，但由于“矢”不对“靶”，广告仍难以引起特定消费者群的需求欲望，导致广告效果不佳。

【经典案例】

上海水晶牌净水器

上海水晶牌净水器初始定位于普通家庭的净水装置，广告突出对水质的处理作用，即能去除水中杂质异味，但无法引起人们的兴趣。后来，创作人员根据上海人喜欢喝雀巢咖啡的情况，对广告重新定位，把净水器改为冰箱、饮用咖啡的好帮手，将广告改为“您想制取纯净的冰块吗？请使用水晶牌净水器”“若要雀巢味更美，请君使用‘水晶’水”。改变定位后的广告，其信息内容更符合上海消费者的需要，诱发了人们对产品的极大兴趣，产品销路很好，广告取得了成功。

2. 广告主题创意的前提

广告定位与广告创意之间存在着紧密的联系，它们之间的关系类同“做什么”与“怎么做”。只有明确了“做什么”，才能处理好“怎么做”。具体来说，只有明确了广告定位，广告的表现与形象处理才有目标和依据，才能确定广告语言及画面的要点，给广告创意以定向诱导，使创意在一个限定的选择上得以深化和延伸，避免内容分散、主题模糊。例如，图 3-1 中，将香烟与枪管结合，形象地警示吸烟有害健康。

图 3-1　公益招贴广告

【经典案例】

上海市第一百货商场电视广告

许多百货商场的广告重在宣传购物环境、商场特色，以提高知名度。上海市第一百货商场曾推出一则电视广告，播出后引起受众极大反响。广告以公众购物时渴望“公平、放心”这一心理需求为定位，整个广告主角是两双手：售货员的手把包装精美的商品递给顾客，顾客的手递过一张百元大钞，售货员的手找回一分钱硬币，而顾客的手表现出不在意这一分钱，售货员的手却再次郑重地递上这一分钱，坚定的手势表示了极为认真的态度。此时响起画外音：“做买卖要的是公平，到第一百货买东西放心，一分钱也不会让您吃亏。”广告画面极简洁，可是细微处见精神，一枚小小的硬币打动了公众的心，较好地消除了顾客购物时害怕上当的心理恐慌。广告创意新颖，从微小中见奇妙，令人信服且过目难忘。由此可见，准确恰当的广告定位是广告创意的重要前提，是广告能否成功的关键。

第二节　广告定位的初级阶段

定位是把市场调研的全部资料集中起来，围绕市场调研的各项要素进行逐项的对比分析，然后在扬长避短的基础上分别进行归类，最后确立应该表现和重点突出的是哪些内容。定位包括产品、市场、心理、设计、媒体、预算 6 个方面的内容。

一、定位资料的分析

艾·里斯和杰·特劳特在他们所著的《广告攻心战略——品牌定位》一书中详细地论述了广告定位的资料分析与方法，其内容包括以下 3 个方面。

1. 领导者的位置

奥地利动物心理学家康拉德·洛伦茨（K.Lorenz）提出了“印随行为”说。他发现新生动物与其天生的动物妈妈间第一次相见后，仅需数秒的时间，这幼小的动物就能辨识其母亲。对于一般的人来说，一切鸭子看起来都是一样的，然而，不管你怎样把鸭群混组，即使仅孵化一天的幼鸭，也会认出它的妈妈。但是，这也不是绝对的，假如“印随行为”的过程受到一条狗、一只猫甚至一个人所代替的干扰，无论这个生物的外形如何，这只幼鸭仍会认为代替者是其天生的妈妈。

艾·里斯等基于此理论指出：优先占据于消费者内心的公司都是难以被驱逐出去的，因而，企业要在公众心目中树立“领导者”的形象。一般来讲，最先进入消费者内心的品牌具有很多的优势。平均而言，它要比第二的品牌的市场占有率方面要多一倍，其第二的品牌比第三的又会多一倍，而此种关联是不易改变的。因此，如何把企业的“第一”的概念有效地植入消费者内心，是定位资料分析的重点内容。

2. 跟进者的位置

在某类商品的市场上，已经有了“领导者”，这就使后来的企业处在“跟进者”地位。“跟进者”可能在此类产品上最早研制，但由于在进入消费者内心时晚了一步，也可能在市场上晚于“领导地位”的产品。跟进者要想在市场上占有一席之地，一般应该重新寻找自己在市场上的位置，即“寻求空隙”，如空隙大小定位、高价位的空隙、低价位的空隙、性别空隙、年龄空隙、时段空隙、区域和群体定位的空隙。

3. 竞争者的位置

当某一品牌在同类产品中居于“领导地位”时，另一品牌可以建立与其攀比的位置，以确定比附于“领导者”的地位。

（1）量的攀比。在租车公司中，赫兹公司属于头部企业，艾飞斯巧妙地把自己比附于赫兹公司，自己不是第一，但尽早占据了第二的位置。艾飞斯在租车业、汉堡王（BurgerKing）在速食业、百事在可乐型饮料业所采用的正是这种比附定位策略。

（2）质的攀比。当品牌进行定位时，可以通过的构思，把自己品牌类比产品性质迥然不同的品牌，使早已存在于潜在消费者内心的产品影响作用于自己的品牌。在市场经济发达的国家或地区，每类产品都处于过剩的环境中，公司要用广告找到通向消费者内心的途径绝非易事。由于能填补的空隙过少，公司必须学会把竞争者占据在消费者内心中的位置重新定位，创造一个新的次序，而一旦试图把一个新的观念或产品移入消费者内心，就必须先把一个旧的移出去。在建立新的定位次序时，会与旧的观念或产品产生冲突，而冲突本身就有可能使一个企业一举成名。

【经典案例】

百事可乐广告

百事可乐将自己的产品定位于年轻的一代，并且经常在广告中与可口可乐同时出现，采取戏谑、玩笑式的手法突出自己的定位，使百事可乐的品牌迅速得到年轻一代的认可，成了唯一能与可口可乐一较高低的可乐型饮料，如图 3-2 所示。如图 3-3 所示画面中的广告语：百事可乐 Twist 百事与柠檬的亲密接触。画面中的柠檬模仿人的姿态做出调皮的动作，使年轻人感觉十分有趣。这也是百事可乐能够将自己定位于年轻一代的成功之处。

图 3-2　百事可乐广告

图 3-3　百事可乐 Twist 牌

二、定位概念的提炼

1. 概念提炼的重点

当同类产品的质量十分接近，而且和其他产品差异不大时，就应转向消费者说明产品过去没有被捕捉到的特性，这就需要广告公司在相关企业的众多定位资料中提炼出重点。例如，香皂的广告，仅拿“清洁”和“香味”两个概念做广告定位点是远远不够的，大卫·奥格威为“朵芙”牌香皂设计广告时，从“朵芙”这个品牌概念本身来进行定位，推出“滋润皮肤”的概念，这种从品牌概念入手的定位获得了巨大的成功。

在定位概念的提炼过程中，最重要的方面之一就是要能够客观地评价产品，并且了解顾客和预期客户是如何评价这些产品的。需要注意的是，一旦感觉到自己想到的那个简单的点子能够解决实际问题时，就有可能失去对决策的客观判断，因此，在这种情况下就需要换位思考，即从新的角度来评价过程中的每一个细节。

2. 定位概念的产生

提炼概念就像打乒乓球一样，最好由两个人来进行。好的概念只有在相互交换意见的气氛中才能得到改进和完善。好的定位概念应一目了然，若附加过量解释反而会妨碍消费者对概念的把握。例如，“来自加利福尼亚的提子干——大自然生产的糖果”“汁多肉厚的盖氏汉堡——不装罐的罐装狗粮”“宝宝乐——泡泡口香糖里的美味”等，这些都是用直截了当的方式进行表达的简单概念。

成功定位的秘诀是在以下两方面保持平衡：一是确保定位独一无二；二是尽量争取不同层面的消费者，并使产品广受青睐。这需要广告策划者有目标地去寻找能够使品牌获得成功的一些概念，再进行扩展，使产品能有效地推广到其他市场。定位的概念不能靠一时的冲动来产生，有时需要细心的观察和耐心的琢磨，经过反复的验证并逐渐提炼出来。

第三节 制定广告策略

广告策略是指广告策划者在广告信息传播过程中，为实现广告战略目标所采取的对策和应用的方法、手段。常见的广告策略有产品策略、市场策略、媒介策略和广告实施策略等。广告策略必须围绕广告目标，因商品、因人、因时、因地的不同而不同，广告策略的好坏，直接影响广告效果。

一、广告产品策略

广告产品策略就是配合企业产品营销策略服务而采取的广告策略，主要包括产品定位策略和产品生命周期策略。

1. 产品定位策略

产品定位策略的具体运用主要分为实体定位策略和观念定位策略。

（1）实体定位策略。即在广告宣传中突出商品的新价值，强调与同类商品的不同之处和所带来的更大利益。实体定位策略可分为功效定位、品质定位、市场定位、价格定位等。

①功效定位：在广告中突出商品的特异功效，使该商品在同类产品中有明显区别，从而增强消费者选择性需求。它是以同类产品的定位为基准、选择有别于同类产品的优异性或差异性作为宣传重点的，如图 3-4 所示。

②品质定位：通过强调产品具体的良好品质对产品进行定位，如图 3-5 所示。

图 3-4　春纪精华液：定位提亮修护肌肤

图 3-5　南孚电池：定位"电量更持久"

③市场定位：是市场细分策略在广告中的具体运用，将商品定位在最有利的市场位置上，如图 3-6 所示。

④价格定位：因商品的品质、性能、造型等方面与同类商品相近似，没有什么特殊的广告原理与实务可以吸引消费者，在这种情况下，广告宣传便可以运用价格定位策略，使商品的价格具有竞争性，从而击败竞争对手，如图 3-7 所示。

图 3-6　潘婷：定位"女士专用"

图 3-7　橙心优选：定位"买菜就是便宜"

（2）观念定位策略。观念定位是树立商品的新观念、改变消费者的习惯心理、突出商品的新意义的广告策略，具体方法有逆向定位和是非定位。

①逆向定位：是借助有名气的竞争对手的声誉来引起消费者对自己的关注、同情和支持，以便在市场竞争中占有一席之地的广告产品定位策略。大多数企业的商品定位都是以突出产品的优异性能的正向定位为方向的，但逆向定位反其道而行之，在广告中突出市场上名气响亮的产品或企业的优越性，并表示自己的产品不如它好，甘居其下，但准备迎头赶上，或通过承认自己产品的不足之处，来突出产品的优越之处。这是利用社会上同情弱者和信任诚实的人的心理，故意突出自己的不足之处，以唤起同情和信任的手法，如图 3-8 所示。

②是非定位：是从观念上人为地把商品市场加以区分的定位策略。在图 3-9 元气森林在市场上苏打水红海中，元气森林不提口感，而是另辟蹊径把产品定位为“0 糖 0 脂 0 卡”饮料，从而一举突破屈臣氏和娃哈哈等品牌的包围，成为爆款。

图 3-8　魅蓝 2 手机：定位为“感谢竞品”

图 3-9　元气森林：定位为“0 糖 0 脂 0 卡”

2. 产品生命周期策略

任何一种产品通常都有生命周期，不同的生命发展阶段，其工艺成熟程度、消费者的心理需求、市场竞争状况和市场营销策略等都有不同的特点。因此，在产品不同生命发展阶段的广告目标、诉求重点、媒介选择和广告实施策略也有所不同。

（1）产品引入和成长初期。在产品的引入和成长初期，新产品刚进入市场，产品的品质、功效、造型、结构等都尚未被消费者所认知。

在这一阶段，用告知为主要诉求作为广告宣传策略，突出新旧产品的差异，向消费者介绍新产品的信息，并大力宣传产品的特色和牌名，不断扩大知名度，使消费者对新产品有所认知，从而引起兴趣，产生信任感，如图 3-10 所示。其目的在于运用各种与促销相结合的广告手段，促使最先使用者购买，并在口碑的宣传带动下，争取更多的潜在消费者、逐步过渡到市场普及。在产品的引入和成长初期，企业应该投入较多的广告预算，运用各种广告传播渠道配合宣传，造成较大的广告声势，以便使产品能迅速打入市场。

图 3-10　麦当劳巨无霸汉堡 20 世纪 70 年代风格

（2）产品成长后期和成熟期。新产品已获得消费者认可，销售量急剧上升，利润已有保证，产品工艺稳定成熟，消费者已形成使用习惯，产品销售逐渐达到顶峰，新产品变成市场普及产品，同时，同类产品也纷纷投入市场，竞争日益激烈。

在这一阶段，广告以维护产品品牌为目标，巩固已有的市场和扩大市场潜力，展开竞争性广告宣传，引导消费者认牌选购。尤其是在产品进入成熟期后，广告的对象则转化为广大消费者，广告诉求与利益必须具有强大的说服力，突出本产品与其他同类产品的差异性和优越性，巩固企业和产品的声誉，加深消费者对企业和商品的印象，如图 3-11 所示。

图 3-11　麦当劳进入中国市场 25 周年之际广告

（3）产品饱和期和衰退期。在产品进入饱和期和衰退期之后，产品供求日益饱和，原有产品已逐渐变成老产品，新的产品已逐步进入市场。这一时期的广告目标，重点放在维持产品市场上，采用延续市场的手段，保持产品的销售量或延缓销售量的下降。其主要做法是运用广告提醒消费者，以长期、间隔、定时发布广告的策略，及时唤起消费者的注意，巩固消费者产生习惯性购买，如图 3-12 所示。

图 3-12　2021 年麦当劳巨无霸汉堡广告

二、广告市场策略

广告市场策略是指紧密结合市场行情而采取的一种广告促进策略，所以也叫作广告促进策略。它的主要内容是告诉消费者购买广告产品的好处，还结合市场变化情况将更多的附加利益给予消费者，以引起消费者的购买兴趣。广告市场策略主要包括市场定位策略、广告促销策略和广告心理策略。

1．市场定位策略

市场定位策略就是企业为自己产品选定一定的销售范围和销售目标，以满足部分消费者需要的方法。任何企业无论其规模如何，都不可能满足所有消费者的全面要求，而只能为自己的产品销售选定一个或几个目标市场，这就是所谓的市场定位。企业的目标市场定位不同，销售策略就不同，在制定广告策略时，必须依据企业的目标市场的特点来规定广告对象、广告目标、媒介选择、诉求重点和诉求方式等。

按消费者的需求和满足程度来分，市场有同质市场与异质市场之分。

同质市场是消费者对商品的需求有较多共性、消费弹性小、受广告影响不大的商品市场。如一些生活必需品就属于这一类型，如图 3-13 所示；异质市场与同质市场相反，指顾客对同类产品的品质和特性具有不同的要求、强调商品的个性、消费弹性较大、受广告的影响也较多的商品市场，如图 3-14 所示。绝大多数商品市场属于异质市场。

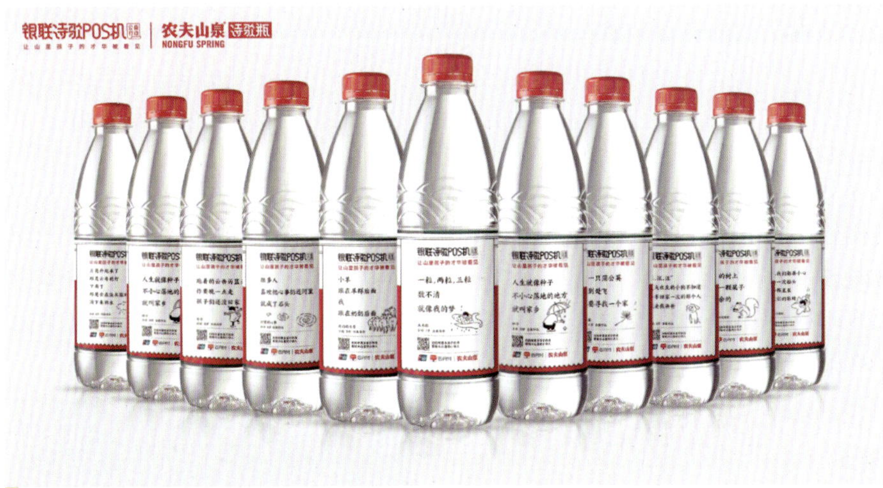

图 3-13　农夫山泉广告

图 3-14　华为 Mate 30 广告

广告市场策略在满足消费者需求时，不仅要考虑生理上的需要，还要考虑心理上的需要。生理上的需要有一定的限度，心理上的需要则是变幻莫测的。因此，在同类商品总市场上，企业可以依据消费者生理上和心理上的需求，以及企业自身的经营条件，将市场细分成许多子市场，然后依据目标市场的特点，制定企业的营销策略，并采取相应的广告策略。由于市场可以细分，在市场经营和广告宣传中就可以运用不同的策略手段，争取不同的消费者。

广告市场策略针对市场的不同情况，采取相应的无差别市场广告策略、差别市场广告策略和集中市场广告策略形式来制定销售策略。

（1）无差别市场广告策略：是在一定时间内，向同一个大的目标市场运用各种广告媒介组合，做同一主题内容的广告宣传。这种策略一般应用在产品引入期与成长初期，或产品供不应求、市场上没有竞争对手或竞争不激烈的时期，是一种经常采用的广告策略。它有利于运用各种媒介宣传统一的广告内容，迅速提高产品的知名度，以达到创牌目的，如图 3-15 所示。

图 3-15　瑞幸咖啡线上和线下的广告

（2）差别广告市场策略：是企业在一定时期内，针对细分的目标市场，运用不同的媒介组合，做不同内容的广告宣传。这种策略能够较好地满足不同消费者的需求，有利于企业提高产品的知名度，突出产品的优异性能，增强消费者对企业的信任感，从而达到扩大销售的目的。这是在产品进入成长后期和成熟期常用的广告策略。这时，产品竞争激烈，市场需求分化较突出。由于市场分化，各目标市场各具不同的特点，所以，广告设计、主题构思、媒介组合、广告发布等也都各不相同。

（3）集中市场策略：是企业把广告宣传的力量，集中在已细分的市场中一个或几个目标市场的策略。此时，企业的目标并不是在较大的市场中占有小份额，而是在较小的细分市场中占有较大份额。因此，广告也只集中在一个或几个目标市场上。采取集中市场策略的企业，一般是本身资源有限的中、小型企业，为了发挥优势，集中力量，只挑选对自己有利的、力所能及的较小市场作为目标市场，如图 3-16 所示。

图 3-16　米其林轮胎广告

2. 广告促销策略

广告促销策略是一种紧密结合市场营销而采取的广告策略，它不仅告知消费者购买商品的获益，以说服其购买，而且结合市场营销的其他手段，给予消费者更多的附加利益，以吸引消费者对产品的兴趣，在短期内收到即效性广告效果，有力地推动商品销售。广告促销策略包括馈赠、文娱、折价、公益广告等促销手段的运用。

（1）馈赠促销策略。企业通过发布带有馈赠行为的广告，以促进产品销售的广告策略，这种策略是一种奖励性广告促销策略，其形式很多，可采用赠券、奖金、免费样品等形式，但应注意广告中承诺的赠品应标明赠品的品种与数量，不应含糊其词，更不能欺骗消费者。馈赠促销策略可以刺激消费者希望获得馈赠品的心理而扩大产品销售，可以较准确地检验广告的阅读率。食品、饮料和日用品多用此法，如图 3-17 所示。

（2）文娱促销策略。运用文娱形式（如出资赞助文艺节目和电视剧、广播剧的制作、猜谜语比赛、技术操作比赛、有奖征答比赛等活动方式）发布广告以促进产品销售的广告策略，该策略能减少广告的商业味，增加广告的知识性与趣味性，使消费者在享受娱乐中了解产品信息，并使企业形象得以增强，是广告促销的常用策略之一，如图 3-18 所示。

图 3-17　馈赠促销广告

图 3-18　赞助广告

（3）折价促销策略。厂商通过降低产品的正常售价，直接给消费者带来经济利益，从而促进消费者购买的一种促销策略。该策略是一把双刃剑，运用得好能为企业创造利益和知名度，提升销售力；把握不好，则容易让产品陷入折价后滞销的困境。折价促销适用品牌成熟度高、消耗量大、购买频率高、季节性强、产品接近保质期的产品。可采取直接打折、附加赠送、加量不加价、数量折扣等促销方式，如图 3-19 所示。

图 3-19　折价促销广告

（4）公益广告促销策略。企业将公益活动和广告活动结合起来，以此争取民心，树立企业形象，增强广告的效果，如图 3-20 所示。

图 3-20　公益广告促销

3．广告心理策略

广告心理策略是利用消费者的购买心理来设计广告的方法和策略，旨在通过有效的信息诉求改变消费者头脑中已形成的某种认知，进而说服其去购买广告传播的产品或服务，最终实现广告宣传目标。

广告心理策略过程包括诱发情感、引起注意、巩固记忆、引起联想、产生信赖感和安全感、赋予美感。通过声音、色彩、图像来诱发公众的情感，利用广告刺激的广度、强度进行有效的系统化、形象化宣传，使公众从无意注意转变为有意注意，以广告艺术性的设计表现刺激印象，引起联想，以真实内容打动消费者，使其对广告宣传的内容产生信任并依照广告宣传的引导产生购买行为。

在视频广告图 3-21 中，画外音：每个人都自顾不暇，没有人会在乎你的感受；每个人都小心翼翼地活着，没有人在乎你的境遇；行色匆匆的人群里，你一点都不特别也不会有优待；人心冷漠的世界里，每个人都无处可逃；你的苦楚不过是别人眼里的笑话。这个世界没有那么好，但也没你想得那么糟糕。无论什么时候，总有人在偷偷爱着你！画面故事情景的反转与语言的配合，烘托出一个感人的主题“总有人在偷偷爱着你！”给人以强烈的情感体验，诱发了消费者对爱的需要，产生了心理感情诉求上的共鸣。

图 3-21　视频广告：《总有人在偷偷爱着你》

三、广告媒体策略

广告媒体策略就是配合营销区域、营销时机，合理选择和运用传播媒体而采取的媒介投放策略，实质上是根据广告的产品定位策略和市场策略，对广告媒介进行选择和搭配运用的策略，其目的在于以最低的投入取得最大的广告效益。

运用媒体传递广告信息主要有两种方式：一是单个媒体的运用，即通过经验和筛选的方法，选择运用某一种广告媒体传递有关信息内容。这种方式主要被一些小型企业或大型企业临时性短期需要时运用。二是进行媒体组合的运用，实质上是根据广告策略对广告媒介进行多元的选择和搭配，媒体组合是广告媒体战略的核心和主框架。

1. 选择媒体

媒体选择策略的过程是在有效地接触目标受众和广告费用许可这两个条件约束下进行的。其选择过程需要考虑各种广告媒介的传播特点、广告商品的特征、消费者的媒介接触习惯和方式、广告目标的要求、市场竞争的状况、国家法令的规定、广告费用的支出等因素。

(1) 传播特点。一种商品广告究竟选择哪种媒体，才能收到最好的广告效果，首先决定于广告媒体的性质和传播特点。因为，媒体传播范围大小，发行数额多寡，会影响视听人数。

①报纸传播：优点在于传播面广、传播迅速、具有新闻性，阅读率较高、文字表现力强、便于保存和查找、传播费用较低；缺点在于时效性短、传播信息易被读者忽略、理解能力受限、色泽较差，缺乏动感，如图 3-22 所示。

②杂志传播：时效性强、针对性强、印刷精美表现力强；缺点在于出版周期长、声势小理解能力受限、色泽较差，缺乏动感，如图 3-23 所示。

A24 体育 综合
“五叶神”大事记之四
广告创意设计大赛彰显“实干闯未来”

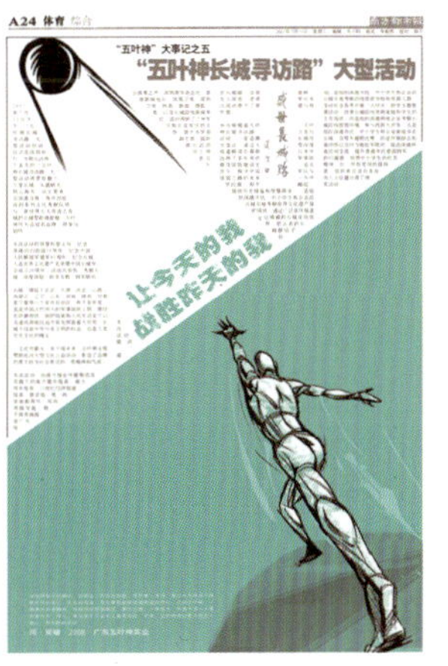
A24 体育 综合
“五叶神”大事记之五
“五叶神长城寻访路”大型活动

图 3-22 报纸传播：综合体育

图 3-23 杂志传播：Terminix

③广播传播：优点在于传播面广、传播迅速、感染力强、多种功能；缺点在于传播效果稍纵即逝，信息的存储性差。听众受节目顺序限制，只能被动接受既定的内容，选择性差。广播只有声音，没有文字和图像，听众的注意力容易分散。

④电视传播：优点在于视听结合传达效果好，即时性强，有现场感，传播迅速，影响面大，多种功能、娱乐性强；缺点在于传播效果稍纵即逝，信息的存储性差，记录不便且难以查询，受时间顺序、场地、设备条件的限制，信息的传送和接收不如报刊、广播具有灵活性。电视广告的制作、传送、接收和保存的成本较高，

如图 3-24 所示。

⑤网络传播：优点在于范围广泛，超越时空，高度开放，双向互动，个性化，多媒体，超文本，低成本；缺点在于热门广告坑位价格不菲，广告展示时间短，容易被其他广告影响，如图 3-25 所示。

图 3-24　电视传播：金典

图 3-25　网络传播：腾讯视频

效果佳的媒体组合形式有报纸与广播媒体搭配、报纸与杂志媒体搭配、报纸与电视媒体搭配、报纸或电视与邮政媒体搭配、电视与广播媒体搭配、邮政广告与销售现场广告或海报搭配。此外，媒体的影响力和可信度对广告的效果有重要影响，如招贴的影响力不如党政机关所办的报刊。因此，在选择媒体时，事先对媒体要有所了解，如运用得当就能收到好的效果。

（2）商品特征。无论是生产资料还是消费资料，各种商品的特性都有所不同，具有不同特性的商品，消费对象不同，媒体的适应性也不同。所选择的媒体要能够体现广告商品的特征，有利于表现广告主题，有利于与目标受众沟通。例如，儿童用品，可选用电视广告，因为电视广告深入各个家庭，儿童和家长的收视率高。文娱产品，则可使用报纸、电视、广播、招贴等媒体，因这些媒体接触面广，时效性强。虽然广告的表现战略和媒体战略是分别展开实施的，但都是为实现广告目标服务的，选择媒体时也要想到如何能使广告作品能充分发挥作用。

（3）消费者习惯。广告媒体的选择一定要考虑消费者的生活习惯和媒介接触习惯和方式。人们常常是根据个人的职业、兴趣、文化程度等不同来选择传播媒体的，这种对媒体的接触习惯，对广告效果影响很大。广告对象与媒体对象越接近，广告效果就越大。例如，旅游服务业广告可印刷在电话簿、旅游手册等纸质媒介上，以便于旅游者和个人寻找广告；日用生活用品可使用广播广告做宣传，因为人们多半喜欢边做家务边听广播。因此，认清消费者的生活习惯和接触媒体的习惯，有助于有效地选择媒体。

【课堂思考】

想一想，你曾经购买过的商品，哪些是因为符合自身习惯而购买的？你是通过什么媒介了解到此商品的？

（4）广告目标要求。广告主发布广告信息都有特定的目标要求，这个目标是由企业经营活动决定的。因此，选择广告媒体必须考虑广告目标的因素，看其是否能与企业经营活动紧密地结合。如果广告目标是在短期内迅速扩大影响，那就应该选用时效性强、接触面广的地方报纸、电视和广播等媒体；如果广告目标是为上门推销创造条件，就可选用邮政和小册子等印刷广告，使推销对象对产品事先有所了解，为随后的上门推销打好基础。

（5）市场竞争状况。广告宣传竞争是市场竞争的一个重要方面，为了配合市场竞争，不但广告内容和策略上不同，就是选择媒体也要有区别。企业在选用广告媒体时，要结合市场竞争情况选择适当媒体。通常每年春节前一个月，企业对媒体争夺是十分激烈的，各品牌、各商品多会提前做好媒体争夺战，不仅在各类广告媒体抢占信息发布先机，还在各商场的有效场地竖起大面积广告宣传牌，并在各处有利位置设点促销点，在促销期间向消费大众散发赠券，举行各类型的展销会和促销活动。

（6）国家法令规范。广告媒体选择应符合国家法令的规定，不能发布低俗、恶俗的广告内容和违禁广告。根据国家制定的广告法规，有的广告媒体不准发布某些商品的广告或加以限制。如《中华人民共和国广告法》规定，“禁止在大众传播媒介或者公共场所、公共交通工具、户外发布烟草广告。禁止向未成年人发送任何形式的烟草广告。禁止利用其他商品或者服务的广告、公益广告，宣传烟草制品名称、商标、包装、装潢以及类似内容。烟草制品生产者或者销售者发布的迁址、更名、招聘等启事中，不得含有烟草制品名称、商标、包装、装潢以及类似内容”。

广告违禁词

（7）广告费用的支出。企业发布广告依据自身的财力来合理地选择广告媒体。广告费用包括媒体价格和广告作品设计制作费。同一类型的广告媒体，也因广告的时间和位置不同，有不同的收费标准。在选择广告媒体时，不仅要考虑广告价格的绝对金额，也要考虑广告价格的相对金额，即广告实际接触效果所耗的平均费用，因为从广告绝对金额看，往往是不经济的，但从相对金额看，则是经济的。

2. 媒体组合策略

媒体组合就是在对各类媒体进行分析评估的基础上，根据市场状况、受众心理、媒体传播特点及广告预算的情况，选择多种媒体并进行有机组合，在同一时期内，发布内容基本一致的广告。运用媒体组合策略，不仅能最大限度地提高广告的触及率和重复率，扩大认知，增进理解，而且在心理上能给消费者造成声势，留下深刻印象，增强广告效益。广告媒体组合要和市场营销组合、综合促销活动等联系起来，选择最有效的传播媒体，加以实施。媒体组合策略可以分为集中的媒体组合策略和多样的媒体组合策略两种形式。

（1）集中的媒体组合策略。集中的媒体组合策略是指广告主集中在一种媒体上发布广告。它主要集中影响被特别细分的受众，集中的媒体组合策略能给那些接触媒体有限的受众创造出品牌易于被大众接受的氛围。其优点在于使广告主在一种媒体中相对于竞争对手占主要地位，使消费者尤其是接触媒体范围狭窄的受众更加熟悉品牌，激发消费者对产品或品牌的忠诚度，在高视觉性媒体上采用集中的媒体组合策略，如在电视的黄金时间购买广告时段或在高档杂志中购买广告版面，能巩固消费者对产品或品牌的忠诚度。

（2）多样的媒体组合策略。多样的媒体组合策略是指选择多种媒体到达目标受众。这种策略对那些有着多样市场细分的商品或服务更加有效，可以通过不同的媒体对不同的目标受众传达不同的信息。其优点在于能向不同的目标受众传达关于品类或品牌的各种独特利益，不同媒体的不同信息到达同一目标受众可以加强其对信息理解的效果，运用多样的媒体策略，可以增加广告信息的到达率。其缺点是不同的媒体需要不同的创意和制作效果，可能导致成本增加，增大制作费用比例。

媒介组合策略是一种综合性的媒介选择与运用策略，是未来媒介产业发展的趋势，特别是数字媒体和互联网络的出现，加快了媒介组合化的步伐，深刻地影响着人们接触媒介和运用媒介的基本方式。

3. 确定媒体的步骤和方法

（1）确定媒体级别。媒体级别就是媒体的类别档次。由于各类媒体具有不同的传播特点，覆盖不同的区域，拥有不同的受众，对于是否符合广告目标的要求、是否有效地触及目标受众、是否与广告表现战略相配合等，而产生不同等级的广告效果。确定或加大哪类媒体的选择比例，需要考虑 4 个方面的问题：一是媒体的优缺点比较，每一类媒体都有其传播上的优势和劣势，但这些又是相对的，主要根据广告活动的需要来评判；二是媒体投放费用档次差别；三是同以前广告活动的连接，主要考虑广告活动前、后的广告效果的积累效果的作用；四是竞争对手运用媒体的情况，如何选择媒体级别，也要考虑怎样与竞争对手抗衡。

（2）确定具体媒体。在已经选定的媒体级别基础上，再行选择一到几个广告主企业需要、符合广告目标要求的具体媒体，确定媒体的具体名称。确定具体媒体有 3 个要素需要重点考察：一是覆盖域，所选用媒体传递的广告信息，是否能被目标市场的消费者接收到；二是针对性，即媒体是否能有效地触及广告主企业的目标市场；三是可行性，即媒体是否能够适应和体现广告信息的特点。

（3）选择广告实施单位。广告实施单位不同，广告价格也会不同，选择广告实施单位前，首先要考虑广告投放的位置、面积、时段等应符合广告预算；其次，要根据广告战略的总体要求、广告信息量的大小，来考虑实施广告实施单位的大小，分析竞争对手使用的广告实施单位情况；最后，在广告预算允许的情况下，选用广告和编辑环境优良的媒体广告实施单位，以确保广告质量。

四、广告实施策略

广告实施策略是按照竞争制胜的原则，围绕广告目标，因商品、目标消费者、地域、时间不同而采取的广告表现策略，目的是克服种种因素的制约使投放的广告发挥最佳效应。广告策略要实现由观念形态变为现实的行动，必须有具体的广告实施策略。其中，广告实施策略主要包括广告区域策略和时机策略。

1. 广告区域策略

广告区域选择的重要准则是能否实现销售额的扩大，正确选择广告的区域，确立广告送达对象的范围，利用广告的空间效果，促进商品销售是广告区域策略的关键。在广告活动中，对产品区域推进路线应有战略上的考虑。优先重点开拓哪些地区，再扩大到哪些范围，如何占领与转换市场等，这些都涉及广告策略的运用与配合。选择广告区域的策略可以从以下两个角度考察。

（1）广告区域的覆盖方式。首先，考虑可否全面覆盖，即集中一段时间对某一目标市场进行突击的广告攻势，以迅雷不及掩耳之势全面覆盖目标市场。这种广告策略讲求时效性和整体性，采取覆盖面大的媒体及媒体组合，对某一地区展开迅速、大规模、多频率、多方位刺激视听的广告活动，以提升企业形象和品牌的知名度。

其次，选择重点区域覆盖，指选择销售潜力大的区域市场（重点区域），有目的、有重点、有选择地进行广告宣传活动。这样做能起到节省广告费，提高效益的作用。

再次，对几个不同地区的广告宣传分阶段循序渐进，逐一覆盖，如可采用由近及远的市场策略，让广告逐一推进，慢慢渗透。

最后，针对特殊群体覆盖，指在特定的环境条件下，对某一地区或某种特定的消费群体有针对性地进行覆盖。

（2）广告的传播范围。当产品或观念仅在一个城市或乡镇、直接贸易区域、某一生活范围内传播时可考虑地方性广告传播策略。企业一般较重视选择地方性的广告媒体，如户外广告媒体或地方性新闻媒体。另外，一些行业的新产品，为了试探一下市场反应，有时需要在某个地方或商店开展试销，也可选择此策略，采用当地报纸、大众读物、售点广告、展销会广告等，如图 3-26、图 3-27 所示。

图 3-26　麦当劳方言平面广告（一）

图 3-27　麦当劳方言平面广告（二）

2. 广告时机策略

正确地把握广告的时机，是提高广告宣传的效果，促进企业产品销售的重要一环。过时的广告，意味着广告费的浪费。因此，广告主必须恰当选择广告时机。

（1）广告进入的时序选择。

①提前进入：在产品进入市场前先行进行广告宣传，为产品进入市场做好舆论准备。在新产品上市的广告时序中，智者之谋，在于巧用时间差，广告先于商品入市，使消费者翘首以待，造成有利的市场地位。有些新产品上市前的悬念广告造成一种“千呼万唤始出来”的局面，往往获得较好的广告效果，如图 3-28 所示。

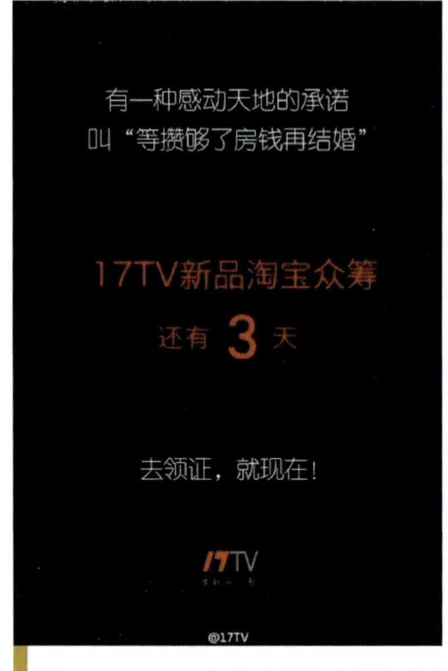

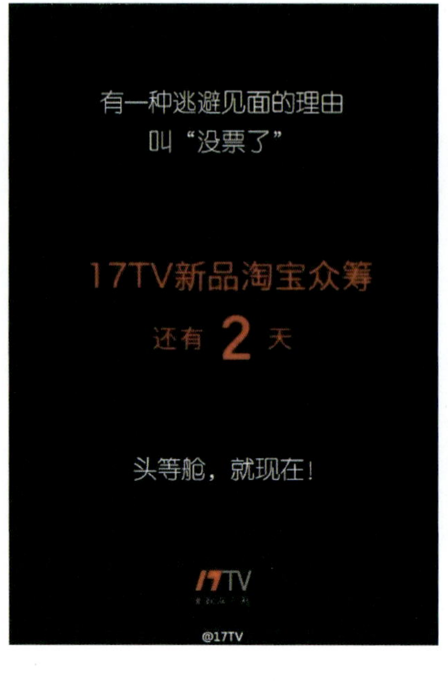

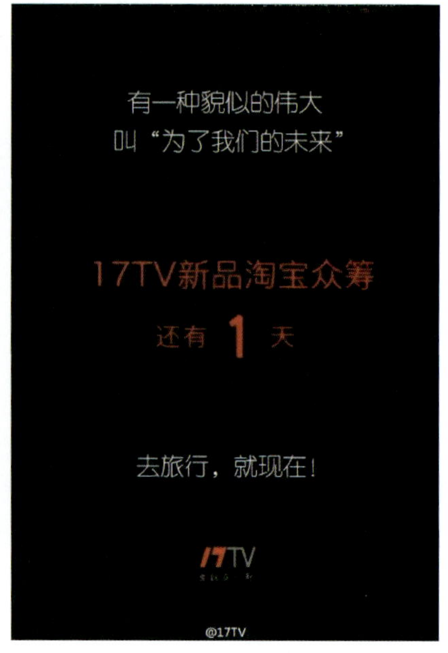

图 3-28　17TV 智能电视发布预热广告

②即时进入：开展广告活动与产品上市采取同步策略，是零售商店或展销会期间常用的方法，满足了消费者对新产品想立即购买的心态，其广告效果显现及时，如图 3-29 所示。

图 3-29　仁寿万达生鲜广告

③置后进入：产品先行上市试销后，根据销售情况分析把握这种产品的市场规模与销售潜力，决定广告投入的时机与数量，如图 3-30 所示。

（2）广告时机分析。

①节假日时机：节假日分为政府法定的和民间风俗形成的不同形式，由于人们闲暇时间增多，往往形成某种消费高潮。节假日消费一般具有明显的特点，如传统的春节、元宵节、清明节、端午节、中秋节等，这类广告要求有自己的特色，推动节日消费形成高潮。节假日消费以日常生活用品和娱乐性消费为多。零售企业和服务行业一般在节假日数天前便开展广告宣传，让消费者有充裕的时间酝酿和形成消费动机。节假日过后，宣传便告一段落，如图 3-31 所示。

图 3-30　怡宝矿泉水

图 3-31　饿了么：中秋节广告

②季节时机：季节性商品一般有淡旺季之分，企业往往抓住旺季销售的大好时机，投入较多的广告费，增大广告推销力度。转入淡季后，广告宣传在数量和频度上都适当减少。当然，少数商品也采用反季节广告宣传方式，如图 3-32 所示。

③“黄金”时机：电视和广播均有广告发布的最佳“黄金时机”。在这些时段上发布广告接受率最高，广告传播效果最好。许多企业不惜重金，以竞争投标方式取得这些时段。

④重大活动时机：企业每年的几次重要节日，如企业的开张、庆典或获奖时机，以及某些重要文化或体育赛事等活动，都是推出广告的极好时机。这些广告由于注意融入节日或文化气氛，广告信息具有易被接受、传播面广及效果好的特点。

图 3-32　GXG 青年羽绒冬季新品广告

第四节　广告定位策略案例分析

中国平安广告

中国平安：愿家家有平安 愿家国共平安

广告产品：中国平安

广告代理：上海胜加广告有限公司（葛洁）

https://www.digitaling.com/projects/139237.html

创作者寄语：在每个中国人心中都有一轮中国月亮，它是祝愿家庭幸福的心愿，也是护佑国泰民安的力量。所以，当中秋恰逢国庆，我们希望借助这一轮中国月亮，向全世界的每个人、每个家、每个国送出一份“遥寄平安与明月”的祝福，传递一份“守得云开见月明”的勇气。

【背景与目标】

“中国平安”拥有一个无比美好、温暖的品牌名，而“平安”两字所饱含的关怀与祝福，2020 年的中秋恰逢国庆，“平安”成为每个小家、每个国家，乃至人类大家庭的共同祈望。

传播目标：我们希望用平安传递祝福、用平安输出文化、用平安关联情感，让平安伴你左右。树立中国平安温暖、信赖、真诚的品牌形象。

【洞察与策略】

洞察：

（1）品牌的名字，是品牌最核心的资产之一，而平安的名字，在这一年应当挺身而出。“中国平安”拥有一个无比美好、温暖的品牌名，而“平安”两字所饱含的关怀与祝福在中国的疫情已得到有效控制的背景下，中国平安送出的“平安”祝福更加意蕴深厚、触动人心。

（2）“希望我们的中秋夜，也可以是世界的平安夜”。这是一次人类命运共同体之下，温暖而善意的民间外交。国内版和海外版两个版本投放，让海外观众认识“PING AN”，并理解在这艰难的一年里，“祝你平安”是平安送出的一句最真挚美好的祝福。

（3）社交传播时代，品牌的人格化被前所未有地放大。将“平安”的名字从 3 个层面与观众建立关联。

情感层面——“平安”关联着个人安危；

情怀层面——“平安”关联着家国情怀；

情绪层面——“平安”关联着时代焦点。

将“平安”化作更加具体可感的祝福。平安是长相陪伴的安心，是没有阻隔的团圆，是安定祥和的守护、是四海一家的友爱……与每一位观众产生共鸣，也帮助海外观众理解什么是“PING AN”。

策略：

（1）以真实带来真情实感的打动。片中的桥段，都是我们所经历过的种种真实，真实的科比球迷、真实的卡车夫妻、真实的背包客、真实的热爱霍金的学物理的女孩……没有刻意的编排，真实会带来最原生的感动。

（2）片中植入的平安元素，提醒着我们，平安一直在身边。片中，卡车上的平安挂坠，门上的出入平安，给家人一句报平安的短信……这些自然而然会出现在生活里的元素，提醒着人们，其实我们和平安的感情依赖一直都在，平安就在身边，如图 3-33 所示。

图 3-33　生活中的平安元素

（3）开篇皮影戏看见中国平安的文化情结。开篇皮影戏《嫦娥奔月》表演者是有着 100 多年历史的山东李家班，国家级非物质文化遗产代表性项目保护单位，他们同时也是电影《八佰》剧中的皮影调创作者。皮影戏为整个片子奠定了一个关于中国月亮唯美的故事基调，以及千百年来，月亮的阴晴圆缺映照人间悲欢离合的中国文化意蕴，而这也是一个中国平安文化情结的表达。

【创意阐述】

中秋节、国庆节双节同庆，“平安”也成为每个小家、每个国家，乃至人类大家庭的共同祈望。我们想要在合适的时间，向全世界表达适度的善意，面对这些悲伤和挫折，我们其实从来没有忘记同舟共济、守望相助，因为在我们看来，无论中国还是世界，同一轮月亮下的人们从来悲喜相同，命运与共。因此，在这个凝结了无数人、无限多美好情感的节日，我们向世界送出一份“家家有平安、家国共平安”的祝福，不仅是对“平安”品牌名称的温暖诠释，也是对“平安”企业使命的真诚表达。我们希望与亿万大众心目中的“平安”共鸣共振，让中国平安温暖、信赖的品牌形象，更加打动人心，也让全世界认识一个温暖而真诚的祝福——“PING AN”，如图 3-34 所示。

图 3-34　中国平安视频广告

【结果与影响】

总曝光量超过 6.49 亿，互动量超过 8.39 万，视频总点击量超过 2 300 万。

【本章小结】

本章主要介绍了广告的定位。广告定位是整个广告推广活动中的关键阶段，通过定位可以明确广告的具体发展目标，从定位资料的分析、定位概念的提炼、定位的具体分项到定位重点内容的提出，每一个阶段的内容都需要准确而认真地对待，这是对广告调研阶段的总结，也是做好下一步广告提案阶段的准备性工作。针对产品和市场等各类定位项目，认真分析并总结，使广告的目标更加明确，有了这个明确的目标，才能更好地验证市场调研阶段的科学性与真实性。广告的这个阶段也可以称为广告的目标分析阶段，只有把握好这一阶段，才能使广告公司更好地开展下一步的推广活动。

【课后练习】

学生以具体的广告项目为任务驱动，分组进行某个产品的广告策略分析报告的撰写。广告策略分析报告主要包括以下内容。

（1）市场洞察：对有关信息和数据掌握充分，市场调查安排，确定要向什么市场、什么用户、进行何种方式的调查。分析消费者心理与行为，把握消费者的需要、动机、态度、情感与情绪等心理因素。

（2）创意阐述：分析广告商品的特殊个性与特定用户所需求的关系。确定商品的市场位置，符合消费者的心理需求。提炼广告策略诉求概念，激发消费者的购买动机与欲望。

（3）广告媒介安排：选择媒介和发布时机，发挥广告媒介组合的作用，扩大广告的传播效果。

第四章 广告提案与分析

章前导读

立新不锈钢门窗厂的产品工艺精良，老板认为做实业，质量最重要，因此，不注重广告宣传，从而导致工厂知名度较低，每年订单量不温不火。直到有一家广告公司观察到该门窗厂的痛点，并提出贴合立新现状的完备提案，经过多次沟通，老板终于决定做宣传。广告以短视频加上优秀的文案方式实施，当天视频点赞超过100万，销售额超过半个月的销售总和。这个案例足以说明，再传统的行业也可以做广告宣传，再固执的老板也会被完善的提案打动。

广告提案是基于市场调研的结果制作而成的，它是广告公司与广告主进行接触的“敲门砖”，它包含了广告主的现实条件、当前和未来面临的问题，以及一定的解决方法。如何制作一篇吸引广告主、翔实落地的提案呢？

学习目标

（1）了解广告提案模拟框架的内容，以及提案内容展开的相关问题。

（2）掌握广告策划文本的构成要素。

（3）理解和掌握广告策划的基本概念，熟悉广告提案资料分析的注意事项。

（4）控制好广告提案的整体框架内容，对框架内的各项内容进行合理有效的深入与展开。

（5）培养善于思考，理性分析的能力，能够在实际的广告策划中发现广告创意点。

第一节 广告提案的初步阶段

广告提案是广告公司向委托方（广告主）提交的初步广告策划方案。广告提案一般分两步进行，即提出初步方案和深化二次提案。

一、提出初步方案

初步提案是基于广告定位阶段收集到的资料，对它们进行梳理和分析，使定位各项内容彼此之间建立联系，最终完成的有计划、有步骤、有针对性的方案。具体操作包括以下内容。

1. 提出工作要求

详细描述定位资料的归类结果，并提出分析工作的具体要求，使定位资料的分析过程更加具体化。

2．明确广告目标

定位资料通常会涉及各自不同的内容层面（如生产、销售、成本等），这些分类内容多数具有普遍性与广泛性，会削弱广告的主题目标。因此，确立创意的出发点，明确广告目标能使资料的分析工作更具方向性。

3．区分竞争品牌

概述主要竞争者及有关材料，以便更好地了解有关竞争的情况。尤其要注意区分竞争品牌的定位内容，避免在品牌意义的传播上产生雷同，如图 4-1 所示。

4．树立自身品牌

有了明确的定位出发点后，还要注意树立自身品牌的概念，这样才能很好地融合产品的形象，使品牌概念更加突出，让消费者产生印象。例如，可以请符合企业气质的人物代言、打出“无添加剂”“创历史”等广告标语等，如图 4-2 所示。

5．描述目标对象

具体地描述消费者的地域特征、性格特点、购买欲望及其行为等，可使广告定位更契合实际，让产品有机会在消费者心目中占有一席之地，如图 4-3 所示。

图 4-1　王老吉和加多宝听装凉茶

图 4-2　安踏冬奥会广告

图 4-3　可以“回复状态”的脉动

6．规划投放时间

标明资料分析各个阶段的要求，确定各个阶段所要完成的各项任务，以及最后期限、完稿日期、方案交付、内部讨论、创意简报等。

7．突出主要信息

把各项定位的具体内容进行分析和整理，以重点内容的相关概念为主题，突出相关企业或产品的主要信息。

8．处理佐证信息

准确地描述提案的佐证信息、支持点或专家评议等，以增加提案的可信度和说服力。

9. 安排提案项目

该项往往要结合企业实际中所存在的问题形成提案的主题表述，这些提案项目包括一些重要的工作简报、证明材料的来源等。

10. 建立提案小组

提案小组通常包括客户主管、客户总监、创意总监、创意小组、甲方代表或项目代理等。小组成员应做到分工明确，在提案的各个不同阶段中，发挥小组每个成员各自的优势与长处，使团队协作更加融洽、高效。

二、深化二次提案

1. 二次提案的要求

通过广告主对初步提案的审查与沟通，广告公司会及时调整或进一步深化该提案，提案小组会通过多次讨论来拓展初步提案中被认可的内容，进一步丰富和充实二次提案的各个组成环节，以更具说服力的论点与论据来打动广告主。

2. 二次提案的内容框架

在二次提案的过程中，提案小组要充分考虑广告主所提出的各种意见和建议，通过多轮会议与讨论，尽量在保持原定位重点内容不变的基础上来调整、完善提案。对于广告主所忽视或不重视的内容，要拿出充分的理由来说服广告主。

二次提案是提案阶段的重点，也是初步提案内容的深化。因此，一定要把握和控制好该阶段的内容。二次提案的深化内容包括以下几个方面。

（1）组织整理有关产品的背景资料。有关产品的背景资料包括对产品自身特点的分析、以前市场开发的情况及竞争对手的情况等。需要注意的是，收集的资料要具有针对性，梳理好广告所要解决问题的背景资料。

（2）重新明确广告的目的和任务。通过对初步提案的总结与讨论，重新明确广告在整个广告战略中所处的位置和使命，使创意人员明白具体任务是什么，希望广告达到什么目的。

（3）分析目标消费群体及其行为。对准确定位的目标消费群体，找出如何与之沟通以及对消费者产生影响的有效方式，确保广告发挥应有的效力。对目标市场及行为分析的描述，常能启发创意人员的创作灵感。

（4）广告主的定位主张和承诺。定位是广告诉求的基点，只有把产品放在恰当、准确的位置上，定好产品的诉求点，才能确定广告表现的基本方针。承诺产品、品牌带给消费者需求的实体利益或心理利益，是广告传递给受众的核心概念。

（5）广告的信息反馈。直至消费者最终接受，广告创意才算是真正完成。但由于消费者接收信息的心理感受与创意初衷可能不符，因此，可以建立一个测试创意品质的控制机制，如访谈用户或听取非创意人员的意见，并将意见作为创意标准的参照，以保证创意更准确有效。

（6）执行原则与客户的预算。太多的执行原则会束缚创意人员的创作灵感，要给创意人员更多想象的空间和可供参考的创意角度，提示创意可从哪些方向发展，最好体现特定的格调、品位等。客户对于广告投入的费用至关重要，关于广告的媒介类型、时间长短、制作难度，尤其是制作费用预算及完成期限等的要求和限制都要列举清楚，避免在执行中因预算问题停滞。

第二节 广告提案的模拟框架与展开

一、广告提案的模拟框架

广告提案的模拟框架是广告具体实施步骤的指导性框架，它是紧密配合企业营销计划的广告策划推广内容，也是广告提案的拓扑阶段。模拟框架的产生，是由许多创意人员通过多次反复的沟通才形成的。通常情况下，提案的内容都不是孤立的，而是和企业的行销计划具有同样的属性。因此，凡是和提案有关的企业行销内容也都要包含进来。广告提案的模拟框架包括以下几个方面的内容。

1. 商品的个性

广告提案应该描述商品。不仅要描述其实体的特点，还要使包括制造商自己也相信它将给使用者做出贡献。每种商品都有其个性，那么是什么赋予它个性？制造商希望他的商品所得到的印象又是什么？它是适用于男性的商品、女性的商品，还是适用于两性的？它是有限市场的高价商品，还是以价值诉求的低价商品？或者它是一种低价品，但如何做会使它有一种高价品的印象？

2. 商品的历史

商品过去的经营方式可能对未来经营不那么重要，但是这毕竟是商品发展的参照，商品的经营方式要考虑时空环境和条件的变化。现在和未来的经营方式都不会在过去的历史中找到。商品的终生历史如果很重要，就要使它成为广告行销计划的一个附属部分。要使它形成单独的文件，并且每年把它更新一次。值得注意的是，由于技术的、经济的及社会的快速变迁，有些资料可能没有什么实用的价值，所以，要注意甄别资料的恒常性与特殊性。

3. 难题与机会

广告提案的主要目的是要发现问题，同时要提出改善措施。在研究商品历史的过程中，应将现实所面临的难题一一列出来。难题的存在就意味着发展机遇的存在，它们可能显著，也可能隐伏。只有当难题逐渐清晰起来时，创意人员的思想中才能充满想象、无拘无束，才能使这些难题得到解决。商品、包装或价格的变迁都是扩大市场的机会，如果商品受消费季节的影响，那就同样把这个因素也都加进去。增加一点问题的难度，就意味着增加一个机会或一线希望。

4. 文案政策

文案政策也称“广告文案”“广告行文”或“广告内文”，是广告的精髓与核心。达彼思广告公司的董事长，著名广告人罗瑟·瑞夫斯（Rosser Reeves）称其为“独具的销售说辞”，瑞安（Ton Ryan）称其为“煽动性的构想”。文案政策是成功广告的要义，在广告提案中，应该提出选择文案主题的理由。如果广告有一个以上的主题，而其中有一个比其他的更重要，那么就要说明其更重要的理由。

5. 推广

推广分为两大类：一是企业或产品的信息推广；二是品牌文化的商业传播。另外，一些促销手段（如津贴、兑换券、样品等），经常被用以应对某些销售过程中的突发情况，提案要为这类事件制定出相应的条款与规定，作为在特殊情况下的应对措施。

6. 媒体

推广措施离不开广告媒体，媒体要承载企业或产品相关信息，并使该信息能够快速有效地传达给消费者。不同企业的产品所对应的媒体是不同的，而不同消费者在日常生活中所接触到的媒体也各不相同。因此，提案要结合不同企业或产品的特点，针对市场实际的销售环境进行全面阐述。

7. 改进商品

对一种商品进行改进，无疑是一种市场运营上的冒险，但在一定程度上也给广告创造了一个机会。因此，至少在广告提案内容上，应将它作为一个可能事项加以说明。

8. 改变包装

包装也是一种广告，是阶段式广告最有效的形式之一，对包装的设计也应当属于广告提案的内容。

9. 制定价格

商品成本价格受原料、人工、设备、工艺、消耗、运输、包装、品牌等影响，其中品牌价值往往是不可估量的。因此，广告如何定价，定在哪个价位需要综合考虑。

10. 预算

预算包含在企业一切经营费用之中。因此，提案中每一项与广告业务相关联的内容都要列举清楚。如创意推广所需使用的媒介类型、时间长短、制作难度、制作费用及完成期限等，以此加以要求和限制。

11. 目的及测定

陈述具体的广告实施目的，如增加商品指定品质的知名度、介绍商品特色、推出新包装或尺寸，在某区域增加配销等。对某一项目成就的测定，行销兼含广告的提案要广泛考虑牵涉所有与之相关的因素，这样才能使广告提案更接近完美。

【经典案例】

弦乐四重奏音乐广场广告招贴

广告针对4位弦乐四重奏的演奏者做了深入的分析，然后将提琴前端的4个紧弦旋钮变成4种颜色，分别代表4位演奏者各具特色的演奏，以及4个人相互配合弹奏的关系等，是一件很好的广告创意作品，如图4-4所示。

图4-4　弦乐四重奏音乐广场广告招贴　米雪·布维（法国）

二、广告提案的展开

广告提案的模拟框架完成之后，广告人应该对框架中每一项内容都做仔细的剖析、核对，并提出相关问题，做提案的进一步补充与完善，这个过程有利于填补广告主对该提案审视过程中的思维死角。通常具体问题有如下几点。

（1）本商品所属门类的成长记录如何?

（2）本商品上市后是否面临直接或间接的同类品竞争?

（3）包装记录包括设计及大小两方面，有任何包装改换是遵循实用方面的而非美术方面的吗? 如果有的话，其改换的效果如何?

（4）就竞争而言，本商品的历史价格是怎样的? 最近有没有在价格上做过改动，那些改变对销售有何影响?

（5）本商品过去的基本文案诉求或文案政策是什么? 改变的结果有何作用及证据吗? 竞品（市场中同类竞争商品）过去基本文案的诉求如何?

（6）商品本身曾经有任何改变吗? 改变之后其销售结果如何，或者消费者态度又有什么改变? 竞品的改变如何?

（7）消费者态度的一般记录如何? 有什么显著的改变吗? 是积极的还是消极的改变?

（8）本商品消费如果有季节性，在这方面有没有发生改变?

（9）本商品区域性配销及销售的记录如何? 广告及其推广对此做了哪些校正活动? 其结果如何? 假定区域性的配销并非由“外在的”因素来决定，运费或其他配销费用是否因气候等原因而使商品不合适?

（10）在广告的媒体选择上是否会有改变? 有哪些能被确认的结果?

第三节 广告策划提案写作

完整的广告策划提案一般包括 8 个构成要素，分别是前言、市场分析、广告战略、广告对象、广告地区、广告媒体、广告预算及分配及广告效果预测。

1. 前言

前言应详细说明广告计划的任务和目标，必要时应说明广告主的营销战略。

2. 市场分析

市场分析主要包括市场状态分析、消费者研究、企业经营情况分析和产品分析 4 个方面内容。根据产品调研的结论，说明广告主的产品所具备的条件；再根据市场研究的结论与市场中同类商品的情况列表一一比较，并指出消费者的爱好和偏向。如有可能，提出产品改进和产品开发建议。

3. 广告战略

根据产品定位、市场定位研究的结果和广告层次研究的结论，列明广告策略的重点：说明如何使商品在消费者心目中建立深刻而难忘的印象；如何刺激消费者产生购买兴趣；用什么方法改变消费者的使用习惯，使消费者改变品牌偏好，改为使用广告主的商品；如何扩大广告产品的销售对象范围；如何使消费者形成购买习惯等。

4. 广告对象

根据定位研究可计算出广告对象有多少人、多少户。根据人口研究结果列出有关人口的分析数字，如人口总数，人口地区分布，人口的年龄、性别、职业、文化程度、阶层、收入等的分布和构成，求出广告诉求对象的数字，说明其需求特征、心理特征、生活方式和消费方式等。

5. 广告地区

根据市场定位和产品定位研究结果，决定市场目标，说明选择理由和地区分布。

6. 广告媒体

根据广告战略中所列的重点，详细说明广告实施的具体细节。

（1）报纸媒介方面。说明选择哪一家或哪几家报纸媒介、选择的理由，刊登的日期、次数和版面，并说明每次刊登的面积大小。

（2）杂志媒介方面。同样说明选用的媒介单位、选用理由、刊登次数、每一次刊登的面积和刊发日期。

（3）电视媒介方面。说明选择哪一家电视台、哪一个或哪几个频道，分别选择什么时间播放，说明选择的理由、计划播映次数、每次播映时间的长短、广告片的形式和播映日期。

（4）广播电台媒介方面。说明选用的媒介单位、插播还是专题、播出时间和日期、选用的理由，以及计划播出次数和每次播出时间的长短。

（5）促销活动。说明促销活动的名称、举办日期、地点、方式、内容及赠品、奖品等，说明举办的理由和主持人。

（6）选择其他媒介。选用海报、招贴、售点广告、邮寄广告、传单和说明书等媒介时，对各类媒介的刊播如何做交叉配合，须加以说明，如印制的数量和分发方式、分发日期等。

7. 广告预算及分配

根据广告策略的内容详细列出媒介选用情况、所需费用（按媒介单位的顺序分别列出）、每次刊播的价格，最好能编成表格。

8. 广告效果预测

主要说明在广告主同意按照广告计划实施广告活动的前提下，预计可达到的目标。这一目标应以“前言”部分规定的任务为准。

第四节 营销策略分析

广告提案最终要紧密结合企业或产品的营销策略，因此，必须对企业或产品的营销策略进行全面的分析。目前，在经济学领域比较权威的分析理论是斯沃特（SWOT）分析法。

SWOT 分别是 4 个英文单词 Strength（优势）、Weakness（劣势）、Opportunity（机会）、Threat（威胁）的首字母。其中，S 和 W 主要用来分析内部的自身条件，O 和 T 主要用来分析外部环境条件。SWOT 分析要求正确识别出企业优势、劣势、机遇与威胁因素，发挥优势，抓住机会明确发展方向，并找出主体实际情况的差距和不足，针对威胁因素采取相应措施，最终实现自身的目标，如图 4-5 所示。

SWOT

STRENGTH（优势）	OPPORTUNITY（机会）
企业的背景和信誉 产品和品牌的优势 通路和价格的优势	良好的社会大环境 消费者（潜在）需求 适宜的上市时机和市场空缺
WEAKNESS（劣势） 产品不够独特 新品牌不易被接受 通路和价格的劣势	THREAT（威胁） 竞争者的威胁 产品淡、旺季的不平衡 跟随者的加入

图 4-5　斯沃特（SWOT）分析法

【经典案例】

沃尔玛 SWOT 分析案例

沃尔玛百货有限公司是一家美国的世界性连锁企业，其控股人为沃尔顿家族。

Strength（优势）

（1）沃尔玛是著名的零售业品牌，它以物美价廉、货物繁多和一站式购物而闻名。

（2）沃尔玛的销售额在近年内有明显增长，并且在全球化的范围内进行扩张。例如，它收购了英国的零售商 ASDA。

（3）沃尔玛的一个核心竞争力是由先进的信息技术所支持的国际化物流系统。例如，在该系统支持下，每一件商品在全国范围内的每一间卖场的运输、销售、储存等物流信息都可以清晰地看到。信息技术同时也加强了沃尔玛高效的采购过程。

（4）沃尔玛的一个焦点战略是人力资源的开发和管理。优秀的人才是沃尔玛在商业上成功的关键因素，为此，沃尔玛投入时间和金钱对优秀员工进行培训并建立忠诚度。

Weakness（劣势）

（1）沃尔玛建立了世界上最大的食品零售帝国。尽管它在信息技术上拥有优势，但因为其巨大的业务拓展范围，这可能导致对某些领域的控制力不够强。

（2）因为沃尔玛的商品涵盖了服装、食品等多个部门，它可能在适应性上比起更加专注于某一领域的竞争对手存在劣势。

（3）沃尔玛是全球化的，但是目前只开拓了少数几个国家的市场。

Opportunity（机会）

（1）采取收购、合并或战略联盟的方式与其他国际零售商合作，专注于欧洲或者大中华区等特定市场。

（2）沃尔玛的卖场当前只开设在少数几个国家。因此，拓展市场可以带来大量的机会。

（3）沃尔玛可以通过新的商场地点和商场形式来获得市场开发的机会。更接近消费者的商场和建立在购物中心内部的商店可以使过去仅仅是大型超市的经营方式变得多样化。

（4）沃尔玛的机会存在于对现有大型超市战略的坚持。

Threat（威胁）

沃尔玛在零售业的领头羊地位使其成为所有竞争对手的赶超目标。多种消费品的成本趋向下降，原因是制造成本的降低，造成制造成本降低的主要原因是生产外包面向世界上的低成本地区。这导致了价格竞争，并在一些领域内造成了通货紧缩。恶性价格竞争是一个威胁。

【本章小结】

策划文案既是广告主的经营指导方针，也是广告公司产生创意的宏观纲要。本章主要介绍了广告的提案与分析。读者应重掌握提案的写作方法和步骤，能够熟练使用 SWOT 法对企业或产品进行分析。

【课后练习】

5 人为一组，建立提案小组，任选家乡的某品牌商品做一个广告策划提案。

要求：确立品牌及商品，通过搜集资料和调研，编写一篇广告提案。

时间：1 周。

第五章 广告创意挖掘

章前导读

雨刷器情书

别克与天与空合作的短片《雨刷器情书》，以挡风玻璃的口吻，借音乐剧演员郑云龙低沉的嗓音，将女性开车路上最讨厌的雨、雪、风沙天气，转化成一首温暖人心的情书。无惧风雨不是一个很新的观点，无论是运动品牌还是汽车品牌都提到过，但更多的是将其作为一个口号，而当无惧风雨和雨刷器及挡风玻璃关联起来，就成了为别克品牌量身定制的创意。

广告创意是指通过独特的技术手法或巧妙的广告创作，突出产品特性和品牌内涵，并以此促进产品销售的思维，它是广告策略的直接表达。优秀的广告创意应能有效地激发消费者的欲求，并引起强烈的情绪性反应，是降低购买阻力、促进消费行为、树立品牌形象的有效因素。

学习目标

（1）熟悉广告大师的创意理论。

（2）了解广告创意的思维要求。

（3）掌握广告创意的常用思维和方法。

（4）培养勤奋敬业、实事求是、协同创新的职业素养和工匠精神。

第一节 广告大师的创意理论

广告的创意思维往往具有复杂的思辨性和较高的实践需求，其内在的创新意识和系统的作业程序非常重要，广告行业经过几十年的发展和经验积累，形成了比较突出的有代表性的大师级的创意思维。

一、独特销售主张（USP 理论）

独特销售主张“USP 理论”是广告发展史上最早一个具有广泛影响的广告理论，由广告科学派的忠实卫道士罗瑟・瑞夫斯（达彼思广告公司的董事长）提出，他认为：广告创作应该多讲点科学和研究，少讲点艺术。每一种商品都应该拥有自己的独特性，并通过足量的重复，把这种独特性传递给受众。罗瑟・瑞夫斯的 USP 理论的核心就是发现商品独一无二的好处和效用，并有效地转化成广告传播的独特利益承诺、独特购买理由，进而诱导消费者，影响消费者的购买决策，从而实现商品的销售。

罗瑟·瑞夫斯提出：消费者从一个广告里只记得一件事，即一项强烈的诉求或者一个强烈的概念；广告应该反复强调一个主张，把这种独一无二的主张变成一句有力的说辞；USP 理论应该是消费者从广告中领悟到的东西，而不是文案人员硬加在广告里的。

罗瑟·瑞夫斯将 USP 理论定义为以下三部分。

（1）明确的销售主张。必须对受众说明：买这样的商品，他将得到怎样的特殊利益。这一主张应该包括一个商品的具体好处和效用。

（2）销售主张的独特性。它应该是竞争对手无法提出或不能提出的。它最好没有被其他竞争者宣传过，是一个品牌或诉求所具有的独特个性。

（3）销售主张的普遍性。它必须能够推动销售，能够影响消费者的购买决策，促使新顾客来购买商品。

独特销售主张“USP 理论”视消费者为理性思维者，广告应建立在理性诉求上，将特有的许诺和购买理由作为广告创意前提，如图 5-1 所示。

图 5-1　舒肤佳香皂售卖概念：“12 小时长效抑菌”

二、品牌形象理论（BI 理论）

从 20 世纪 60 年代开始，随着新产品的不断问世，产品或商品的趋同化越来越明显，大量近似产品的出现使追求“独特销售的主张”很难实现。大卫·奥格威认为，当产品极大地丰富以后，消费者就不会再因为产品的功能而去购买该产品，因为独特性的褪去，很容易使他们获得这种功能性的满足感，他们会因为某种产品给人一种良好的感觉和印象而实施购买行为。因此，在做广告的宣传时，可通过树立特别的品牌形象以达到企业产品或商品的营销目标。引导消费者产生购买动机的是产品的文化内涵，这种内涵可以带给消费者一种良好的感觉，包括消费者所认同的物质利益和心理利益。而文化内涵表达的最佳方式就是某种特殊的形象。因此，品牌形象理论包括以下几个方面。

（1）塑造良好的品牌服务。

（2）对品牌进行个性塑造，提高大众对品牌的辨识度。

（3）根据品牌的特性、类别等，综合多种因素，吸取精华，取长补短，共同塑造符合产品本身的品牌形象。

（4）利用广告的感官性对品牌进行长期的投资，特别强调广告的风格和个性特色。

中国银行品牌形象影视广告就很好地体现了大卫·奥格威的品牌形象理论，如图 5-2 所示。这一组广告通过围绕“止，而后能观；静，而后能思”这个主题展开，同时在各个篇章中从不同的侧面进行了深入的挖掘和阐述。例如：女孩篇中宁静致远的源远流长，农民篇中富而不骄的自信与悠闲，老者篇中的大气磅礴，竹子篇中的灵动，每一个景色的选取都凝聚了中华民族悠久富饶、勤劳谦逊的传统文化内涵，这就促使消费者选择中国银行的产品，达到了产品营销的目的。

图 5-2 “中国银行”品牌形象影视广告

三、定位理论

定位理论由美国著名营销专家艾·里斯（Al Ries）与杰克·特劳特（Jack Trout）提出。里斯和特劳特认为：定位要从一个产品开始，定位不是你对产品要做的事，而是对预期客户要做的事。“定位是你对未来的潜在顾客的心智所下的功夫，把产品定位在未来潜在顾客的心中”。换句话说，你要在预期顾客的头脑里给产品定位，确保产品在预期顾客头脑里占据一个有价值的区隔。在图 5-3 中，江中健胃消食片定位为“日常助消化用药”。伴着小品演员郭冬临那一句“肚子胀、不消化，用江中牌健胃消食片”以及“家中常备药”的补充词，让江中健胃消食片开创了一片蓝海。在图 5-4 中，王老吉定位为“预防上火的饮料”，开创了凉茶饮料这一品类，让王老吉突出红牛的功能饮料、椰树的植物蛋白饮料的重围。

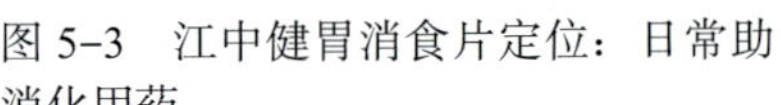

图 5-3 江中健胃消食片定位：日常助消化用药

图 5-4 王老吉定位：预防上火的饮料

如今定位理论已是营销学者和广告从业人员在广告战略时的专业词语，定位理论强调的“第一法则”，要求企业必须在顾客心智中区隔于竞争对手，成为某领域的第一。

四、ROI 广告理论

ROI 广告理论由威廉·伯恩巴克提出。他认为广告是说服的艺术，广告“怎么说”比“说什么”更重要，优秀的广告必须具备 3 个基本原则，即相关性（Relevance）原则、原创性（Originality）原则、震撼性（Impact）原则，简称 ROI 广告理论。

（1）相关性原则：强调广告与商品、消费者的相关性，要求广告与受众的相关性，广告符号与受众知识经验领域的相关性，广告内容与消费者需要的相关性。

（2）原创性原则：强调创意特征就是求“异”，与众不同；要求创意概念单纯，用少量的视觉元素，传达最大的信息量。

（3）震撼性原则：追求广告在瞬间引起注意，并在心灵深处产生震动，不仅是来自视觉的震撼，还是来自广告信息触动心理的震撼，都应持续为广告活动产生震撼保持活力，如图 5-5 所示。

图 5-5　杀虫剂广告：史上最强，前所未有

五、品牌个性理论（BC 理论）

品牌个性理论的英文全称是 Brand Character，简称 BC 理论。BC 理论产生的基础是美国格雷广告公司提出的“品牌性格哲学论”，日本的小林太三郎提出的“企业性格论”，从而形成了广告策划创意中的一种后起的、充满生命力的新策略流派——“品牌个性论”。意思是广告在“说什么”时，不只是“说利益（产品）”“说形象（定位）”，还要“说个性”，如图 5-6 所示。

该理论可以用公式表现为产品 + 定位 + 个性 = 品牌性格。品牌个性理论的基本观点包括以下几点。

（1）品牌个性是特定品牌使用者个性的类化。

（2）品牌个性是其关系利益人心中的情感附加值。

（3）品牌个性是特定生活价值观的体现。

图 5-6　鹰牌花旗参：认准这只鹰

六、情感销售主张（ESP 理论）

ESP 理论，英文全称是 Emotion Selling Proposition，译为“情感销售主张”。现代市场丰富的商品和严重的同质化现象，使得人们对商品的功能性需求不断减少，情感需求不断上升，ESP 理论的诉求重点不局限于具体的产品功能，而是把商品带给人们的情感体验作为诉求重点，在情感层面上建构与消费者的深度沟通。

ESP 理论的基本观点包括以下几点。

（1）软化广告，以一种更富有亲和力的方式接近消费者、打动消费者，从而产生情感上的共鸣，使消费者在不经意间产生购买行为。

（2）便于形成和强化品牌个性。

（3）由 ESP 发展成为品牌故事，深入人心。

ESP 理论重要的是产品的特性要与品牌的个性相符合，适应目标受众的心理，创意要经得起时间的考验，如图 5-7 所示。

图 5-7　德芙：影视广告（橱窗篇）

七、旧元素，新组合

"旧元素，新组合"是广告大师詹姆斯·韦伯·扬对广告创意所做的经典概括，"旧元素"是指各类知识（认知、经验及技巧），主要包括有关产品和目标消费者的特殊知识及人们日常生活中的一般常识；"新组合"是指利用这些知识，找出一个适合和消费者沟通的点子。

"旧元素，新组合"是就是在广告创意中将人们熟悉的材料以熟悉的方式进行新的组合，使受众对广告产生认同与共鸣，达到好的传播效果。

"旧元素，新组合"的创意过程是一连串的重组，改变旧有事物的排序和逻辑，从一个崭新的角度，跳脱理智、逻辑、直线的思考重新组合。在图 5-8 中，通过西瓜、黄瓜、西红柿的瓜籽被胶囊替代，在同中求异，在异中求同，巧妙表达了不能把食物种植成毒物的理念。

图 5-8　公益广告：别让食物变毒物（设计元素的组合）

除以上列举出的广告大师创意理论外，还有共鸣论、品牌个性理论等，需要我们仔细揣摩体会。学习这些广告大师的创意理论，是培养广告策划能力，增强广告创意创新思维的有效途径，对提升我们广告创意的综合素质有重要作用。

第二节 广告创意的思维要求

一、要以广告主题为核心

广告主题是广告定位的重要构成部分，即“广告什么”。广告主题是广告策划活动的中心，每一阶段的广告工作都紧密围绕广告主题而展开，不能随意偏离或转移广告主题，如图 5-9 所示。

图 5-9 南方黑芝麻糊：37 周年庆典广告

二、要以目标对象为基准

广告目标对象是指广告诉求对象，是广告活动所有的目标受众，这是广告定位中“向谁广告”的问题。广告创意除以广告主题为核心外，还必须以广告对象为基准。“射箭瞄靶子”“弹琴看听众”“在什么山上唱什么歌”，广告创意要针对广告对象，以广告对象进行广告主题表现和策略准备，否则将难以获得良好的广告效果。

三、要以新颖独特为生命

广告创意的新颖独特是指广告创意不要模仿其他广告创意，人云亦云、步人后尘只会给人雷同与平庸之感。唯有在创意上新颖独特才会在众多的广告创意中一枝独秀、鹤立鸡群，从而产生感召力和影响力，如图 5-10 所示。

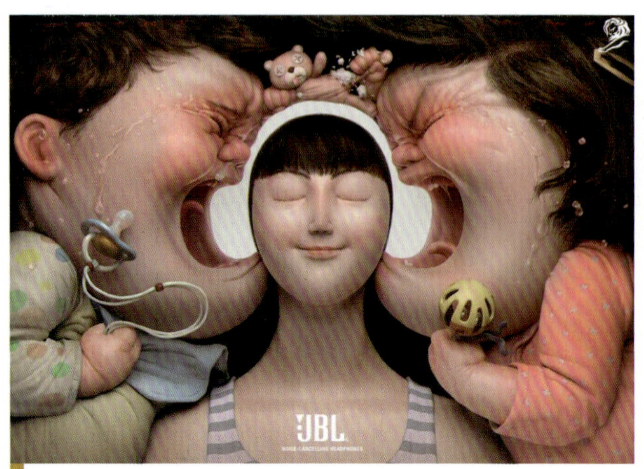

图 5-10 JLB 耳机广告

四、要以趣味生动为手段

广告创意要想将消费者带入一个印象深刻、浮想联翩、妙趣横生、难以忘怀的境界中去，就要采用趣味生动等表现手段，立足现实、体现现实，以引发消费者共鸣。但是广告创意的艺术处理必须严格限制在不损害真实的范围之内。图 5-11 中的富士相机广告，通过相机背带的旋转形态，生动有趣地表达出相机任意 360° 全景拍摄的功能。

图 5-11 富士相机广告：任意 360° 全景拍摄功能

五、要以形象化为表现

广告创意要基于事实，集中凝练出主题思想与广告语，并且从表象、意念和联想中获取创造的素材，形象化的妙语、诗歌、音乐和富有感染力的图画、摄影，融会贯通，构成一幅完整的广告作品。

第三节 广告创意的常用思维

一、形象思维

形象思维是通过可感知的具体形象来进行联想、想象的思维方式，通常以表象为材料进行思维。运用形象思维可以通过事物的个别特征去把握一般规律，从而创作出具有艺术美感的全新艺术形态，揭示事物的本质属性和事物的结构关系等。形象思维过程中的形象已不仅仅是自然界和社会生活中客观存在的形象，它的产生往往离不开想象和联想。形象思维的形象性使它具有生动性、直观性和整体性的优点。例如，《请帮野生动物一把》系列公益广告，世界自然基金会（World Wide Fund For Nature，WWF）在瑞士联合艺术家们，通过彩绘的形式，把动物描绘在人类的手上，呼吁人们向那些濒临灭绝的动物伸出援助之手，如图 5-12 所示。

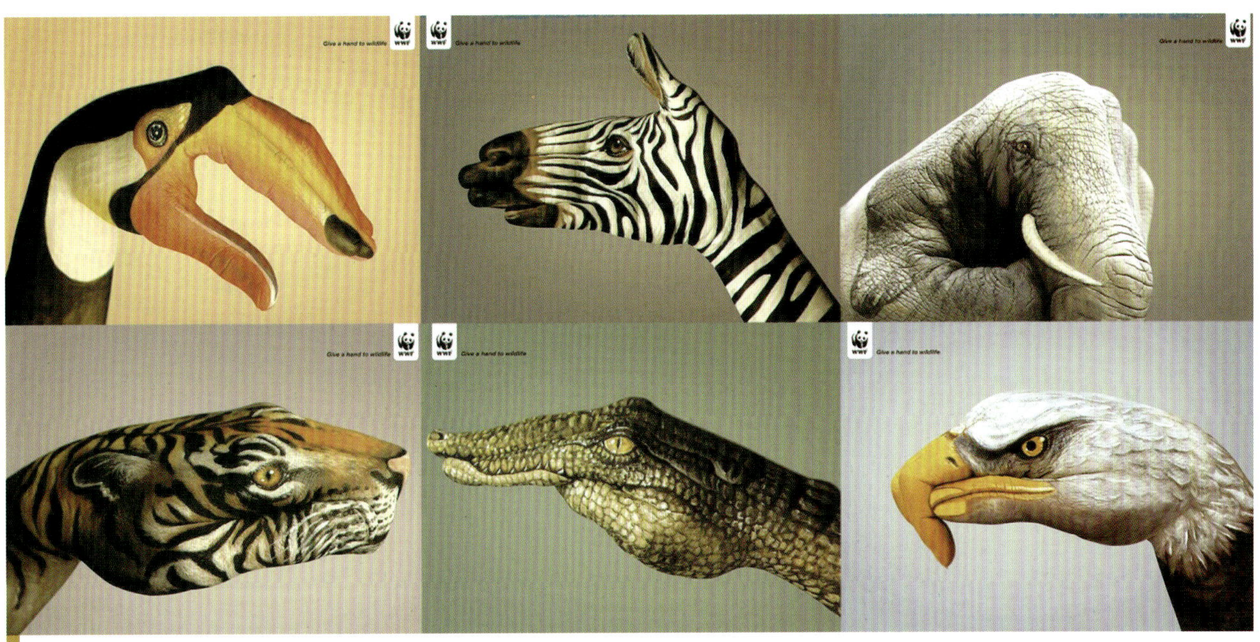

图 5-12 WWF：《请帮野生动物一把》系列公益广告

二、抽象思维

抽象思维与形象思维都是人类理性思维的重要方式，是思维的基本形态，都建立在感性认识的基础上。抽象思维是对事物间接的、概括的认识，用概念、命题、论断、数字等抽象的材料进行逻辑思维。

抽象思维和其他思维方式的主要区别在于它具有概念性、抽象性和逻辑性的特点。概念性是指逻辑思维所反映的不仅是个别事物的表面现象与外部联系，而是一类事物的本质与内在联系；抽象性是指逻辑思维所表现的内容是将信息浓缩为具有高度归纳和总结性的信息符号及关系；逻辑性是通过现象所总结出的严密的推理结构与规律。

三、垂直思维

垂直思维一般是根据事物本身的发展过程与顺序进行深入的分析和研究，是按照常规的思考路线，由因及果、由上至下的思维方式。垂直思维的主要特征有两个方面：其一，思考过程按部就班，循序渐进，不仅要求每一步骤及每一阶段都必须是绝对的，而且要求推论过程中的每一个事物都经过严格地定义和正确无误地推论；其二，顺乎人的自然本能，问题的答案常以可能性最高的解释定论，并因此继续发展。例如，丘马克（Chumak）果汁平面广告（图 5-13），作品为了突出纯正、新鲜的产品卖点，将装有果汁的杯子用真正的番茄和苹果来替代。

图 5-13　Chumak：果汁平面广告

四、水平思维

水平思维是和垂直思维相对应的思维方式，一般是指从某一事物相互关联的其他事物中分析比较，寻找突破口，突破自身局限，从新的视角对某一事物重新思考。水平思维摆脱了垂直思维僵硬机械的思维模式，不受传统观念和常规的束缚，追求一种新的、带有突破性的或是意料之外的新概念和新思想。

水平思维有 3 个方面的特点：第一，思维过程带有跳跃性，善于找到毫无逻辑关系的事物之间的共同点；第二，水平思维的思考范围广泛，不局限于垂直思维的线性思维方式；第三，水平思维具有创新性和突破性，善于另辟蹊径，出奇制胜。图 5-14 中的曼妥思糖果平面广告，将糖果元素比拟成冰激凌、冰山、雪人，让“冰凉”的概念不言而喻；图 5-15 中的反皮草公益广告，通过猎豹与代表时尚的衣物尺码的结合，道出了时尚业与野生动物保护之间的联系。水平思维就是把表面上看起来完全不相干的两件事情联系起来，找出它们的内在联系，从而达到“情理之中，意料之外”的创意效果。

图 5-14　曼妥思：糖果广告

图 5-15　WWF：反皮草平面公益广告

五、聚合思维

聚合思维是以某个问题为中心，运用多种方法、知识和手段，从不同的方向和角度，将思维指向问题的中心，以达到解决问题的目的。聚合思维的重点是寻求唯一的或习俗所能接受的最好结果，其模式是从多到一。

聚合思维是一种异中求同、量中求质的思维方法，具有同一性、集中性与系统性的特点。同一性是指思维的同一，始终沿着求同方向进行；集中性是指其思考范围有限，面向中心议题；系统性是指思维过程循规蹈矩，追寻逻辑规律，系统全面，但缺少变化。例如，关爱老人《遥不可及》系列广告（图 5-16），将老人的日常生活情景进行夸张再现，如洗碗、拿药和洗衣，这些再简单不过的事情，但是对于行动不便的老人来讲，做起来是那么的遥不可及，引起人们的反思，呼吁人们要关爱老人。

图 5-16　广东省广告集团股份有限公司之公益关爱老人遥不可及系列《洗衣篇》《洗碗篇》《拿药篇》

六、发散思维

发散思维是对同一问题从不同层次、不同角度、不同方面进行探索，从而求得多种不同答案的思维方式。发散思维的重点是从同一来源中产生各种各样的、为数众多的创意点，其模式是从一到多。

发散思维具有多向性、灵活性、开放性与独特性的特点。多向性指解决问题的多方向、多层次的思考角度；灵活性指能在多个思考角度之间灵活转换，触类旁通，不局限于某个方面，不被消极定势禁锢；开放性指每个思路都不受限制，可以任意发挥，思考活动畅通少阻、灵敏迅速；独特性指强调思路的创新性，能以前所未有的新角度、新观点去认识事物、反映事物，对事物表现出超乎寻常的独到见解。例如，Benzac 祛痘洗面奶广告（图 5-17），创意主题"越过鸿沟"。画面中就将"痘"的形象演绎成"鸿沟"，在逻辑方面又很容易让受众联想到，粗大而脏兮兮的毛孔成了阻拦你社交、恋爱、享受生活的一道鸿沟，最终传递的就是"祛痘洗面奶"让你越过这道鸿沟；又如同仁堂的七宝美髯丸系列广告（图 5-18），其产品功能定位为专治脱发。在最容易发现脱发，也最让人发出感慨的场景——浴

缸、洗脸池、床上，用脱发构成珍稀动物或已经灭绝的动物——恐龙、熊猫、老虎，配以“让灭绝的重生”“拯救稀有物种”文案，使产品的功效一目了然。广告构思巧妙，画面制作精细，大块的白色底面与纤细的脱发形成强烈的对照，使画面具有律动感。

图 5-17 Benzac：祛痘洗面奶平面广告

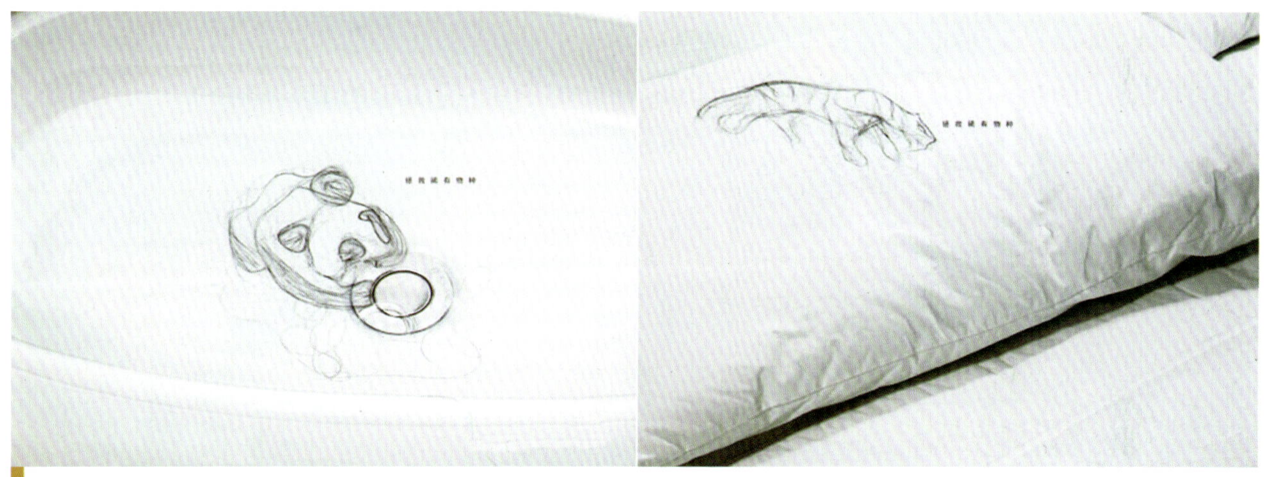

图 5-18 同仁堂：七宝美髯丸平面广告

七、逆向思维

逆向思维是一种反常规、以奇制胜的思维方式，符合相反相成的规律，多利用人们的逆反心理，有意识地脱离习惯的思维轨道，从而取得意想不到的效果。利用逆向思维反其道而行之，创意往往新奇、独特、别具一格，思维不易落入俗套，易产生新颖的产品概念和广告表现形式。以变化的眼光看待与产品有关的一切事物，“见人所未见”“思人所未思”。

运用逆向思维要巧妙、完整、胆大心细，巧妙即想法奇特、灵巧机智；完整即从整体着眼，构思和安排全面、整体、完备；胆大心细即想法大胆，敢于独树一帜，与众不同，同时注重细节，不出问题。运用逆向思维进行广告创意有以下 3 种常见形式。

（1）欲扬先抑。商业广告文案通常都是正面介绍产品或企业的优点，从反面揭露自己产品缺点的广告是难得一见的。运用逆向思维，就是要打破这种“正话正说”的常规，通过“欲扬先抑”“名贬实褒”的方式进行广告创意，如图 5-19 所示。

图 5-19　嫚熙　EMXEE：母亲节网络广告

（2）欲抑先扬。这种逆向思维形式多见于公益广告。当公益广告的主题在于批评或揭露某种社会不良现象时，采取的表现形式不是直接地批评，而是采用“欲抑先扬”“名褒实贬”的思维方式，以婉转的方式达到教育人、警醒人的目的，如图 5-20 所示。

图 5-20　WWF：保护野生动物公益广告

图 5-21　克宁奶粉：网络广告

（3）反其道而行。从常规思维的相反方向入手，寻找消费者生理及心理需求的空位，进行反向诉求。例如美国有一家生产奶粉的企业，起初为品牌命名而苦恼，后来营销策划人不停地念叨牛奶（Milk）后来将“Milk”颠倒过来念就是“Klim”，于是一个享誉全球的牛奶品牌“克宁”（Klim）牛奶就此诞生了，如图 5-21 所示。

八、头脑风暴

头脑风暴法也称 BS 法（Brain Storming），是由美国 BBDO 广告公司创始人亚历克斯·奥斯本在 20 世纪 70 年代提出。它采用确立主题、专题讨论的会议形式，通过自由的个体发散思维，集体动脑、互相启迪，进行潜能挖掘，以产生尽可能多的、建设性的、富于创意的原始设想，形成个体智慧无可匹敌的、综合多元的创造性思路，是一种借助会议针对某一议题集思广益的方法。

创意小组人员围绕一个主题可以畅所欲言，尽量放开思路，让每个人都产生各种不同的创意，将所有设想和激发的灵感全部表述出来。为了避免扼杀思路，在此过程中尽量不提出反对意见。因为有时无用的想法，可能会激发起一个新创意，或是从一个新角度去看问题，或是将这个意念再予以润饰增删，使其生出新鲜感受，一些好点子、好主意往往由此产生。应用头脑风暴法必须遵守下列 4 个原则。

（1）畅所欲言：无论想法是多么幼稚，甚至是荒唐，都可以表达出来。

（2）强调数量：发表意见，多多益善。

（3）不批评，不评论：对于任何人提出的任何意见与想法都不能批评，也不做评论。

（4）集思广益：强调群体意见的相互启发与结合。

“BS”法的特征就是集思广益，尽可能地激发个体释放创造力，所以在广告创意的开启阶段，它具有很大的使用价值。由于参与的人多，而且众人都积极地进行发散思考，相互提示，相互启发，思路必然十分活跃。这就能够使创意增加更多的角度和层面，因此，可以见深、见宽、见广，这对思路的形成及有效地执行大有裨益。

第四节 探索广告创意的方法

创造性是由灵感激发而来的。在寻求创意的过程中，可以通过以下提问的方式，在日常工作中找到更好的创意。

一、创意能否源于标志、形象和包装

一些产品的标志、形象和包装自身具有较强的独特性与可识别性，基于它们的形象特点结合概念进行视觉传达，可以建立更为直接的品牌认知。当标志、形象或包装成为广告创意的一部分时，设计者就不用担心品牌不突出了，产品品牌自身已成为广告诉求的推动者。

（1）能否将诉求结合到标志中表达产品的优势？图 5-22 中的 IBM 广告是保罗·兰德设计的作品。保罗·兰德是美国乃至世界上最杰出的图形设计师、思想家及设计教育家。在这幅平面广告中，一只眼睛、一只蜜蜂和一个 M 代替了 IBM 传统的标志：I 设计成眼睛，是对人的关爱；B 设计成蜜蜂图形，代表辛勤劳动；M 代表信息与科技，是对技术的不断创新。这

图 5-22　IBM：Logo 平面广告

件作品体现了IBM锐意创新、辛勤劳动并积极进取的精神，风格独特又和谐自然，显现出设计的创造价值，体现了科学与艺术的结合，合乎观众的接受心理。

（2）能否将标志结合到画面中传达信息？例如，图5-23中，麦当劳使用其Logo结合城市风景的广告创意在整个拉丁美洲推广其送货上门服务（McDelivery）。该系列广告名为“Good moments don't need to wait（美好一刻，无须等待）”，选取拉丁美洲最大的几个城市，如圣地亚哥、波哥大、布宜诺斯艾利斯和墨西哥城，打造了5个极简主义的户外广告。广告创意以这些城市的天际线为画面主体，并用麦当劳Logo的一半连接城市两地，象征着每一份麦当劳订单的配送路途。在这些地方，恶劣天气或交通拥堵的情况使人们很难去餐馆，但再大的风雨、再堵的路途，McDelivery都能为顾客成功送达。

图5-23　麦当劳：Good moments don't need to wait 网络广告

（3）能否直接用改变标志的方式传达诉求？图5-24中的《去皮的LOGO》平面广告以“反皮草”为主题，目的是打击非洲日益猖獗的偷猎和走私野生动物等犯罪活动。广告中使用了以动物为标志的著名标志，将标志中的动物用3D的方式呈现出来，同时扒去了它们的皮毛，以此抗议时尚界与非洲非法偷猎走私野生动物的相关性。这则公益广告直接将品牌标志运用在广告创意中，创作意图一针见血。

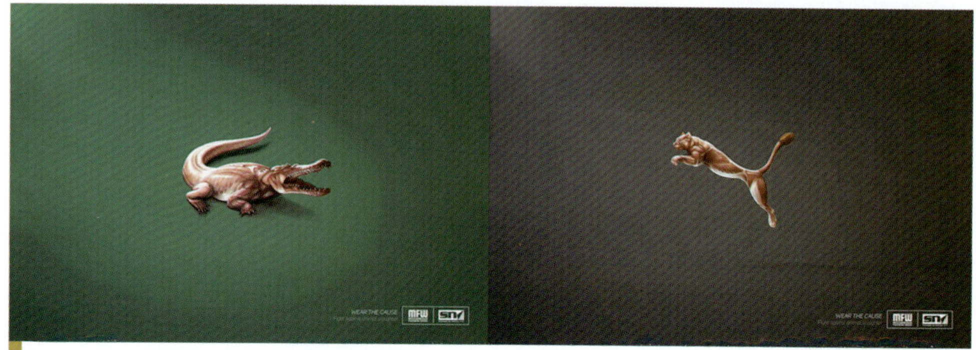

图5-24　WWF：去皮的LOGO反皮草平面广告

（4）能否提取产品的形象元素与画面结合表现产品特征？图 5-25 所示的喜力啤酒平面广告，从画面上不难看出其诉求是喜力啤酒的新鲜与口感。该广告将产品本身作为广告创作元素，这样做的好处：受众可以直观地了解产品，提高品牌的认知度。

图 5-25　喜力啤酒广告

（5）能否将产品的包装形象与诉求结合传达信息？在图 5-26 中，这则 Bisco 糖果夹心饼干广告以喜欢的味道为定位，将产品本身作为广告创意点，通过夹心巧克力、奶油、草莓酱等表现出食用场景，将产品包装形象与诉求相结合。

图 5-26　Bisco 糖果：夹心饼干广告

二、创意能否源于产品的产地

独特的地理环境或区位优势可以成为广告创意的切入点，借以强化其优势或认同点。比如，哪个地方的水或空气中具有某种独特成分？哪个生产地最适宜产品？产地在地理、历史、文化、政治上具有什么特殊的地位？图 5-27 所示的法国行政区红酒展会平面广告，将法国国旗中的红、白、蓝三种颜色分别植入最能体现红酒特征的葡萄、酒塞、包装纸等元素，手法非常巧妙，既合理，又漂亮。

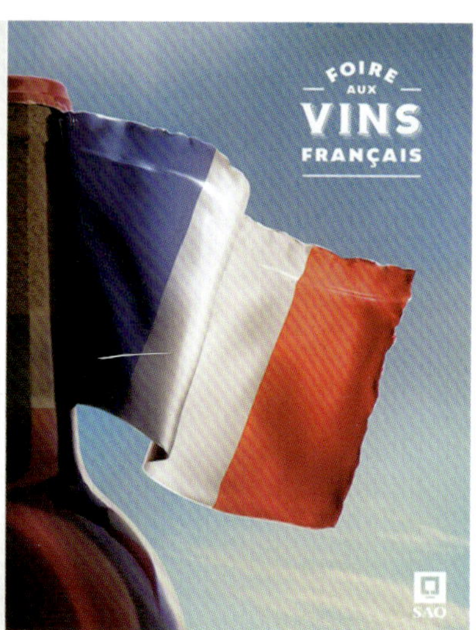

图 5-27　法国行政区红酒展会：平面广告

三、创意能否源于产品的历史

有时可以尝试从历史中找些灵感进行创意。在全世界所有的牛仔裤品牌中，Levi's（李维斯）如一棵百年长青之树。世界上很难有一个服装品牌能够像 Levi's 这样历经 130 多年风风雨雨，从一个国家流行到全球，品牌个性始终保持如一，并成为全世界男女老幼都可以接受的牛仔和时装的领导品牌，不能不说这是 Levi's 品牌创造的一个世纪神话，该作品运用一系列的视觉元素成功地展现了该品牌的悠久历史，如图 5-28 所示。

图 5-28　Levi's：服饰平面广告

四、创意能否源于旧广告

在一个飞速发展的世界里，人们总是会对自己熟悉的事物有一定的安全感和认同感，借用人们熟知的作品会使受众有一种突然见到老朋友般的亲切和兴奋。例如，谷粒多将优质的产品作为基础，在六一儿童节这一节点，对经典动漫形象进行二次创作，巧妙地避开了传统的传播手段，通过强反差的创意内容赢得年轻受众的关注，从而形成有效的内容裂变，如图 5-29 所示。

图 5-29 伊利谷粒多：平面广告

五、创意能否源于生活经历

日常生活经验是创意最佳的源泉之一，基于个人生活或者他人生活的创意更贴近大众。一般有生活经验的人都知道，微波炉加热的食物容易变干、变硬。LG 的这组广告（图 5-30）便抓住了这点来进行创作：如果你不想牛奶喝起来是拖鞋味儿、猪肉吃起来是橡皮味儿、鱼啃起来像在咬轮胎那就赶紧使用 LG 微波炉，因为 LG 微波炉能让食物保持原味。所以说，广告创意需要富有很强生活感的洞察，并能够精准定位目标客户。

图 5-30 LG：微波炉平面广告

六、创意能否源于产品的用途和影响

如果在介绍产品之前就先向人们介绍使用产品之后的效果，可以给消费者一个合乎情理的理由，让他们感觉到诱导力，“这就是我要买它的理由”，把功能利益点变成理由能使消费者变成拥护者。可以从以下 3 个方面介绍产品的用途和影响。

（1）使用该产品后有什么效果？产品具有的效果，实际上是该产品的核心产品层次，这是产品对于消费者最基本的吸引力所在。例如，汰渍洗衣粉平面广告（图 5-31），运用幽默、夸张的手法，把一系列身上有纹理的动物如豹、斑马、斑点狗身上的纹理清掉，揭示该产品“去污力超强”的卖点，让人会心一笑的同时，很自然就记住了产品。

图 5-31　汰渍：洗衣粉平面广告

（2）该产品能解决什么问题？碧浪（Ariel）洗衣液广告将产品本身虚拟成凶猛的鲨鱼和鳄鱼，以体现产品的去污威力，能够让人们快速理解该产品的卖点，如图 5-32 所示。

图 5-32　碧浪（Ariel）：洗衣液广告

（3）该产品会带给使用者什么感受？通过描述产品带给使用者的感受，可以让受众身临其境地对产品进行体验，通常运用视觉效果、情感烘托等方式进行演绎。图 5-33 中表现的是不同年龄阶段的顾客在 HILTL 素食餐厅消费后的表情，从中反映了餐厅美食给他们带来的美味体验。

图 5-33　HILTL 素食餐厅：平面广告

七、创意能否源于缺少产品的后果

有时候缺少某种产品不会直接影响人们自身，但会间接地影响人们或发生人们不愿见到的事情。从这一角度出发可以通过预见性提醒受众，传达产品优势。例如，玻璃清洁剂广告，画面所演绎的就是“没有使用该产品，透过脏兮兮的玻璃望向室内的效果”，虽然有些夸张，但的确将缺少产品所带来的后果演绎得淋漓尽致，更凸显出该产品的重要性，如图 5-34 所示。

图 5-34　玻璃清洁剂广告

八、创意能否源于使用前后的效果对比

对比是广告创意中的常见手法。对于消费者来说，对比始终是展示变化最有效的方式之一。图 5-35 中的眼镜平面广告，通过使用眼镜前后的画面从印象主义变为超现实主义效果的对比，说明了产品的用途与卖点。

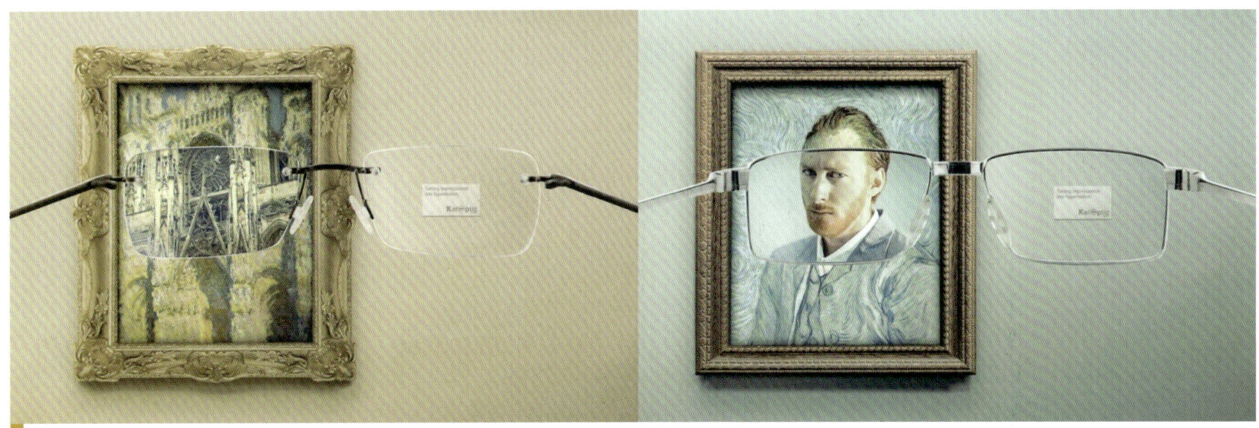

图 5-35　眼镜平面广告

九、创意能否考虑只用图片作为解决方案

通过画面的布局和主要对象的表现方式传递出丰富的画外之音，让观众所想超越所见。这种方法通过有意的省略或暗示某些东西，而让观众用自身的经验将故事补充完整，诱导观众寻找画面背后的含义，获得一种“噢，原来如此”的满足感。例如，联邦快递平面广告（图 5-36），画面非常清晰地表达出该品牌“快”的特点，画面上的两个人物处于地球的不同大陆上，其物品的传递好像上下楼之间的传递一样方便、快捷。不需要任何文字描述，只通过凝练的视觉语言就能很好地衬托出该品牌的优势所在。

图 5-36　联邦快递：平面广告

十、创意能否源于广告的媒介物

好创意必然遵从媒介特性的创意，让广告媒介也成为创意的一部分。从发布终端入手寻找突破口已成为广告创意的新思路。各种各样的媒介本身就是一座储量丰富的创意宝库，只要设计者用心发掘其中的创意元素，总能找到它与生俱来的戏剧性，找到它与广告主题的最佳契合点。媒介创意的主要着力点在于对广告素材与媒介自身物理特征进行嫁接，使两者巧妙融合。

（1）能否利用媒介形态特征进行创意？在图 5-37 中，鼻毛修剪器户外广告以绝妙的行为艺术传达“鼻毛修剪”的概念，令人拍案叫绝！围绕户外藤条做文章，巧妙地让藤条直接穿过人物头像的鼻孔，让人过目不忘。商品可以一成不变，广告创意则需要千变万化，将媒介纳入创意设计，的确可以创作出让人意想不到、具有非凡效果的广告。

（2）能否利用结构特性进行创意，表现主题？在图 5-38 中，可口可乐利用电梯升降的结构特性，进行户外广告创意，整体好似一件装置艺术品，视觉效果震撼。观众在欣赏之余，似乎也在体验着品尝可口可乐的瞬间。

利用媒介自身的诸多特征做创意，可以增加传播时的生动性、趣味性，并消除受众大脑中的“抗体”。媒体特征创意需要广告设计者有这种创意的意识，并去自觉运用。在很多情况下，广告设计者并非没有能力去发现，而是缺乏发现的意识，情愿让自己的大脑昏昏欲睡、麻木不仁，使身边诸多事物的发力点都未能得到开发。转换思路，将目光投向媒体这样的事物，多做一些思考就能找到创意的方向。

图 5-37　鼻毛修剪器广告

图 5-38　可口可乐电梯广告

【本章小结】

本章对广告创意原则、创意的思维类型和广告创意的方法进行了详细的讲解，能够让学生对广告创意有一个较全面的认识、掌握广告创意的原则和方法，并能将其运用到广告设计中。

【课后练习】

以具体的广告实战项目为主题，分组进行创意执行研讨，通过广告创意分析提炼出符合产品市场推广的广告创意诉求概念，做出至少 3 个创意方案。

要求：无论预设的创意内容是宣传片还是话题式广告，要根据产品功能、消费者分析进行广告创意诉求。

第六章 广告策划与创意实例分析

章前导读

啤酒户外广告

科罗娜（Corona）广告牌设立在英国布莱顿海边，一边用树叶作为遮挡，当阳光照射时，会形成瓶子形状的阴影，叠加上品牌 Logo，一瓶科罗娜啤酒就出现了。在白天时，人们看到的大多是科罗娜（Corona）的经典标签。但当到夕阳时，光线正好照射到装饰的树叶，在广告牌上投射出阴影，形成了一个天然的广告牌。广告旨在传达“最好的东西来自自然世界”。广告牌的设计意味着科罗娜放弃了控制权，让太阳的力量占据主导地位，展示使用 100% 天然成分的美丽和益处。

广告是一种商业行为，最终目的在于彰显产品的独特形象、提升市场竞争力、促成商业利益的最大化。一则成功的广告不仅要经历市场调研、项目策划、主题设定、创意开发、艺术表现等过程，还需设计团队的协同创新和精益求精的表现力才能实现。下面列举几个视觉直观、通俗易懂、趣味性强的优秀案例，耐心细品，拓展我们的创意思维和视觉表现技能。

学习目标

（1）掌握优秀广告设计的原理和目的。

（2）能够结合实际需求构思创意，并确保落地。

（3）培养团队协作，互帮互助精神。

（4）培养对广告的审美能力，增强广告策划与创意的实战经验。

案例一　创意 + 艺术：“衣服的真相”地铁艺术展

【品牌及代理】

广告产品：滴露

广告主：利洁时家化（中国）有限公司

广告代理：上海天与空

案例网址：https://www.digitaling.com/projects/68403.html

【背景与目标】

据调查统计，我国消费市场洗衣液的市场渗透率为 85%，除菌液的市场渗透率连 5% 都不到，两者将近 17 倍的差距，可见我国消费者对衣物除菌的意识不强。英国专业除菌品牌滴露，希望启发中国消费者的衣物除菌意识，在洗衣服的时候，多加一步滴露杀菌，以打开我国的消费市场，提升滴露衣物除菌液的知名度和渗透率。

【洞察与策略】

将衣服放在人流量最大的北京国贸地铁站展出，这里也是衣服最容易接触到细菌的地方之一，以直观的视觉，让消费者意识到洗衣除菌的必要性。通过警钟性教育，让消费者意识到消毒除菌的重要性。以艺术的形式，让衣服上的细菌可视化，一改传统警示教育让人厌恶的形象。

【创意阐述】

在 3 件表面看起来干净的衣服上“雕刻”出中文字，远远看去像是衣服被细菌侵蚀了一样。把看不见的细菌可视化，警醒人们：没有杀菌的衣服只洗了一半。

【广告文案】

男士衬衫：“没有杀菌，你的衣服只洗了一半”
小孩连衣裙：“别让细菌成为孩子的第一个朋友”
女士半裙：“别让你喜欢的衣服沾满你不喜欢的细菌”

【执行实施】

上海天与空广告有限公司为专业除菌品牌滴露打造了一场“衣服的真相”地铁艺术展，以艺术的形式，展现出衣服上的细菌，如图 6-1 所示。

从树叶到衣服
开始诞生了人类的文明
人类的洗衣服历史也拉开序幕
对于杀菌
妈妈的妈妈传下来的一代又一代手艺
从阳光直晒到开水烫
人类对自我的保护走过了几千万年
直到上个世纪人们才发现
没有经过专业除菌，衣服上的细菌是杀不死的
洁净如新，不代表洁净无菌
只有消灭掉那些藏在衣物纤维里的小小细菌
才是这个时代
给自己和家人的贴心的保护

洗衣服多一步

衣物除菌用滴露

英国皇室御用品牌

图 6-1 “衣服的真相”地铁艺术展

以衣服为纸，细菌为字，制作了 3 件特殊工艺的服装（立体的、可展示的艺术作品），分别为男士衬衣、小孩连衣裙和女士半裙，如图 6-2 所示。以文字笔画连接的字句都是精心刻画出来的，像被放大的布料纤维纹理，把需要传达的文字信息穿插在布料纤维纹理中，字字句句发人深思，精致的细节让人过目不忘。远看衣服的半边好像是被细菌“侵蚀”了，这一现象顿时引来无数路人围观。以此来提醒人们：看似干净的衣服，其实隐藏着很多细菌。

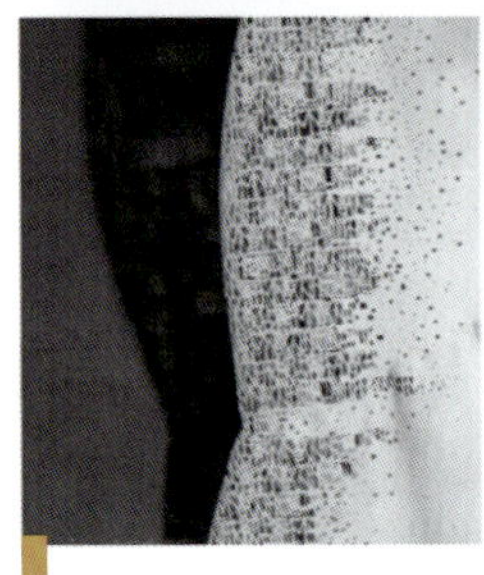

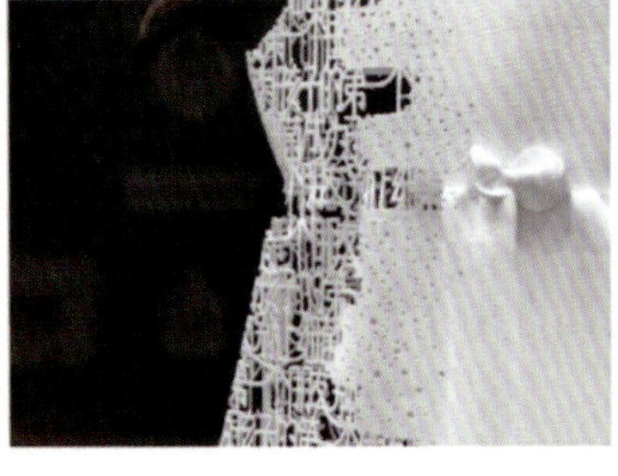

图 6-2　镂空衣服细节

在北京国贸地铁站，以“衣服的真相”为主题进行专题艺术展，通过橱窗和场景布置在地铁站的人流通道展出，让消费者意识到“衣物除菌的必要性”的体验更加深刻，如图 6-3 所示。

图 6-3　橱窗和场景展示

通道的两侧还放置着，16 句布艺雕刻的文案，一句句文案雕刻在纺织品上，如图 6-4 所示。

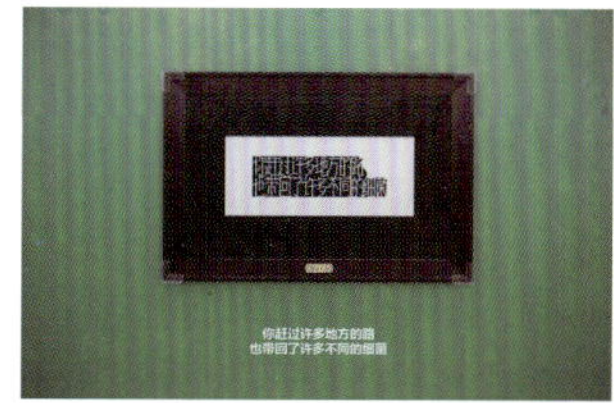

图 6-4　布艺雕刻的文案

通过打造一场别致的地铁艺术展，向大众传递洗衣过程中去污不等于除菌的观念，同步提出“洗衣服、多一步”的指令口号，从除菌意识普及到产品教育，来建立大众对滴露衣物除菌液的使用意识。

通过强化除菌理念，引起消费者对衣物除菌的需求关注，让消费者意识到没有经过专业除菌的衣物有多可怕，只有消灭藏在衣服纤维里的细菌，才能给全家人健康的保护。在改变消费者的使用习惯的同时，提高品牌认知度，进而抢占目标消费群体的市场。

【结果与影响】

艺术展上线后，迅速引发路人纷纷围观，人民日报欧洲网、北京日报、国际在线新闻、北京新闻网、环球网等超过 160 家新闻媒体争相报道。在微博、微信等社交媒体上，得到许多官微大号的发文助推，总阅读数达 735 万以上，引发网友热议。地铁艺术展所在的北京地区，销售终端同比增长 70%。滴露一举引起大众的关注和重视，将“洗衣除菌”的概念深入人心，从除菌意识普及到产品教育，直接带动了产品销售。

优秀的户外广告宛如一道人造风景，借助有形的媒介，创意被感知、触碰、体验。伫立于实体空间内，它与旅人相遇，撞击出一段段“奇缘”。本项目借助艺术形式，建立起与观众沟通的焦点，突破平面二维的局限，延展出更加丰富的互动感与体验可能。这些“置身户外”的艺术作品，将广告创意注入故事性与阅读兴趣，它所包含的创意、媒介、空间，都是消费者体验内容的一部分，最终转化为品牌印象与记忆。

案例二　亲情 + 短视频：《啥是佩奇》短片火遍全网

啥是佩奇

【广告简介】

《啥是佩奇》是张大鹏执导的贺岁片《小猪佩奇过大年》先导片，时长 8 分 14 秒。2019 年 1 月 17 日播出后迅速形成病毒式传播。

【剧情简介】

《啥是佩奇》这一名称一下就抓住了观众的好奇心，在现在这个社会里，谁还不认识“社会人”小猪佩奇呢？可是你在城市里随处可见的小猪佩奇，农村里的爷爷却并不认识。“啥是佩奇？”一个简单的问题，却难住了远在深山里的爷爷，同时也引发了荧屏前观众的思考。

该短片讲述了一个李玉宝为孙子全村寻找“佩奇”的故事。临近年关，眼瞅 3 岁孙子要回村过节，李玉宝却为难坏了，孩子想要一个佩奇，可啥是佩奇？一头雾水的他借村里的喇叭问了一圈，得到的答案令人啼笑皆非，有人说是直播网站性感女主播，有人拿出同名洗洁精，还有人说是棋牌的一种。兜兜转转，懵懵懂懂，最后李玉宝用鼓风机自制了一个“佩奇”，如图 6-5 所示。

图 6-5　《啥是佩奇》短片截图

【制作背景】

1. 社会背景

（1）城市化进程加快，出外务工人员数量逐渐上升。随着社会化进程加速，再加上社会正处于转型期，无数年轻人背井离乡，出门务工，因此，产生大量“留守儿童”“空巢老人”，这也正是我们社会需要关注的社会群体。背井离乡在外务工人员撑起了社会发展的支柱，也是无奈背离了民俗和传统的群体。短片的背景为春节，而春节又是一个属于中国的特殊节日，是无数背井离乡的人迫切地等待着远方的那些许久未见的亲人团聚的日子，配以朴实的农村环境背景和演员生动的演绎，让人感同身受，引起思乡之情，触动泪点。

（2）城乡之间的发展落差较大，代际文化存在落差。城市已普及4G，进入5G时代，智能手机几乎人人必备，可以通过智能手机通信、看视频等。而反过来，农村环境相对破旧，大喇叭广播、传统耕作、智能手机普及率低。视频利用如此鲜明的反差来反映城乡文化冲突，同时也引发了大众对城乡差距的讨论。从孙子口中的小猪佩奇，到爷爷手里的“钢铁佩奇”，大山里生活的爷爷和城里生活的孙子文化背景不同，文化之间存在鸿沟。这些落差也是生活中经常会发生到的，但也提醒了人们，要常回家看看，努力让长辈们信息不闭塞，过上更好的生活。

2. 市场背景

（1）《啥是佩奇》与春节叠加。《啥是佩奇》的播出时间是2019年1月17日，春节马上就要到了，春节这个节日全世界都知道，在这个节日之上，叠加小猪佩奇，这是年轻人耳熟能详，而且比较萌的一个卡通形象，两者产生了化学反应，再辅之以社交网络的放大，形成了一个全民娱乐、全民共知的网络盛况。

（2）《小猪佩奇》的目标受众。小猪佩奇针对的年龄层、主要的目标受众是0～8岁的孩子，在这个年龄段的孩子中，形成了非常强的一个卡通形象，小猪佩奇对他们有很强的吸引力。随着社交网络的普及，很多低龄化的卡通形象也被放射到成人，这是社交网络上非常普遍的现象，而小猪佩奇在最近两三年恰恰有这样的机缘。

（3）《啥是佩奇》接地气。导演通过爷孙之间温情的连接点，将动画和中国乡村生活联系到一起，改变了人们对农村生活的刻板印象。广告聚焦爷爷为春节回家的孙子准备礼物，用以小见大的手法动之以情，从我们身边的辛苦劳作的平凡小人物入手，中国典型家庭的缩影容易使观众产生代入感。同时，小猪佩奇作为一个国际化卡通形象，对中国式痛点的挖掘却非常到位：小到爷爷对孙子的疼爱，大到反映“城乡与代际之间的文化差异”，敢于跳脱出“用电影素材混剪作为宣传片”的思维定式，背后的信心也源于团队对春节团圆场景、对亲情的深刻洞察与理解。爷爷与家人打电话的交流、与村民之间的相处、儿子开车来接自己时的对话……这些都是真实的生活化场景，不是凭空想象的。

【创意阐述】

1. 形式创意点

（1）微电影与电影相结合的尝试。一般电影宣传都是采用30秒到1分钟，最多不超过两分钟的预告短片来进行影片上映前的宣传，而电影《小猪佩奇过大年》提前预热宣传采用了微电影的形式，8分14秒的微电影短片《啥是佩奇》作为《小猪佩奇过大年》贺岁电影的宣传片，在影片上映前事先达到了火爆的传播效果，24 小时内有 3.4 亿次下载量，两天内有 15 亿次点击量，可谓盛况空前，创造了一个广告奇迹，这也成功为贺岁电影吸引了大批观众前往观看贺岁片。这种“微电影 + 电影”的形式在媒体策划中较少采用，而这种新颖的营销方式也成为一大独特亮点，达到意想不到的效果。

（2）社会现实问题与娱乐电影相结合。《啥是佩奇》的策划核心是情感营销，将二次元的动画与现实生活故事相结合，社会矛盾焦点问题与娱乐化的电影相结合，利用讲述现实社会普遍的家庭问题——长辈留守的孤独与思念，晚辈在外打拼难以回家，而更大的问题不仅是物理上的相隔千里还有两代或三代之间在精神上不相通的问题，那么打通这个问题还需要一个助攻，也就是小猪佩奇，这就很自然地从一个微电影广告过渡到贺岁影片宣传上来。小猪佩奇在无形中联结了老人和孩子的世界，让老人在不知不觉中打破年龄和心理屏障，更接近年轻人，真正做到了“一家三代合家欢”。一场电影，既是家人阖家欢乐的机会，更是老、中、幼三代人情感关联的纽带。所以，《啥是佩奇》微电影广告采用讲述亲情故事和网红潮流的娱乐动画相结合的形式无疑是个亮点，也是微电影广告能被刷爆进而产生巨大反响的原因。

（3）与中国移动合作一起震撼观众。作为合作方的中国移动，在《啥是佩奇》中多次出现，受关注度丝毫不亚于宣传片剧情本身，中国移动借助《啥是佩奇》大火了一番，其在影片中植入自身元素的同时，还运用自身渠道为该片承担了部分宣发工作。

2．内容创意点

（1）“春节”等熟悉的文化符号引起受众共鸣。《啥是佩奇》是《小猪佩奇过大年》这部春节贺岁动画片的宣传广告短片，《小猪佩奇大过年》的受众范畴原本只是儿童及其家庭，但是在宣传片《啥是佩奇》中，“春节”“阖家团年”“三代人的情感”等元素的拼接改装，贯穿整部短片，把动画片“佩奇”卡通形象上升为成人情感化、社会化现状的情感映射。

对于猪年春节（宣传片于 2019 年 1 月发布），《啥是佩奇》有着点燃受众对春节与家人团圆的敏感情绪的导火索作用，大大降低了对于广告宣传片的排斥感，让受众潜意识情感得到共鸣。

（2）剧情围绕“爷孙情”，接地气有反转有话题。在《啥是佩奇》宣传片中，影片是由爷爷打电话问孙子过年想要什么礼物，孙子回答了“佩奇”之后手机没了信号，爷爷开始了寻找“啥是佩奇”之路的开始的。

“留守老人”和“隔代情”一直是社会热议话题，留守老人独自生活在乡下生活拮据，但是对于孙辈的爱确是不留余力的。影片中爷爷在村子里询问了一圈，找到了各种不同的“佩奇”，以及最后自己制作的“硬核佩奇”让孙子和儿女目瞪口呆，一系列的反转成为观众笑料，但这背后表现出的祖父母辈对孙辈的重视和喜爱，也引发了观众的与祖父母辈的许多温情回忆和对于代际之间的文化差异的现状思考，如图 6-6 所示。

（3）聚焦小人物，草根本色出演情感真实动人。影片主演李玉宝大爷是该片拍摄地外井沟村的一名当地村民，此次出演经历也是首次，至于为什么会有如此出色真实的表演，李大爷曾经在采访中说道：“自己的儿子也曾在北京打工，在过年的时候也盼望孩子能够回家过年。”正是因为有着这段亲身经历，李玉宝大爷才能够在表演中流露真情实感，朴实的草根演技也能打动许多观众。

图 6-6 影片中爷爷为孙子寻找佩奇

（4）小猪佩奇中国本土化。整个宣传片只在最后全家团圆的时候出现了《小猪佩奇过大年》的片段用于直接宣传，而影片中爷爷用乡下烧火用的“鼓风机”制作的“硬核佩奇”；村口挂着的“大年初一不收礼，全家进城看佩奇”的红色横幅；爷爷跟村里人通电话用“他爹是猪，他娘是猪，儿子也是猪，一家人一窝猪”对《小猪佩奇》进行的本土化描述，都让“小猪佩奇”这个进口文化产品得到本土化叙述，获得硬核宣传效果。

【结果与影响】

《啥是佩奇》于 2019 年 1 月 17 日下午发布（临近春节时期），采取网络播出渠道，在全网进行辐射扩散，全片不到 9 分钟，却以核裂变形式迅速传播，在各大社交媒体圈内爆红，一天播放量超过 3 100 万，2 天内点击量达 15 亿次且转发量超过 21 万，并且微博热度迟迟不减、屡上热搜。不得不说，《啥是佩奇》成功成为 2019 年第一支爆款广告。《啥是佩奇》的走红为主角《小猪佩奇过大年》这部电影，带来了破亿的票房收益，这对于目标受众仅仅只有 0 ~ 8 岁的孩子来说，是极其可观的。（《小猪佩奇过大年》首映日的票房为 4 167.24 万元）。并且根据艺恩票房智库数据显示，国产动画电影单部平均票房为 0.42 亿元，《小猪佩奇过大年》的票房远远超过国产动画电影的平均票房，这无疑归功于宣传片的火爆，如图 6-7 所示。

不仅是取得了票房方面的收益，这部宣传片传播之疯狂，已经影响资本市场。在此之前，A 股市场中并没有小猪佩奇概念股的说法。1 月 18 日午后，不少平台提出“小猪佩奇”概念，奥飞娱乐、邦宝益智、幸福蓝海迅速拉升，邦宝益智一度涨停。截至当日收盘，上述 3 家公司涨幅分别为 5.11%、6.26%、2.41%。其中，邦宝益智则曾在 2018 年半年报中表示，公司当前益智玩具产品主要包含积木玩具和婴幼儿玩具，益智玩具产品包含教育系列，科普系列及市场各类热门卡通形象授权（如“小猪佩奇”等）总共 20 多个系列 200 多款热销产品。另据东方财富数据统计，当日农牧饲渔板块涨幅 1.24%，生猪养殖商牧原股份放量涨停。这也就意味着《啥是佩奇》的播出已经让整个资本市场产生波动，影响巨大。

动画电影年均上映数量52部，单片平均票房不足1亿 

- 国产动画电影的年均上映数量约36部，进口动画电影约17部，数量上远远低于国产动画电影；
- 在票房产出上，国产动画电影与进口动画电影的差距较大，单部平均票房为0.42亿，大约是进口动画电影的1/4；

2013-2018年H1动画电影上映数量及单部平均票房/亿元

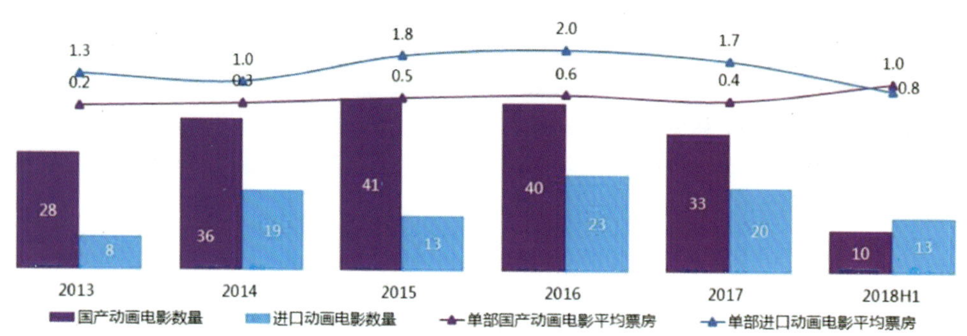

数据来源：艺恩票房智库，统计周期：2013年1月1日—2018年6月30日　　5

图 6-7　艺恩票房数据统计

案例三　公益行动："告白"地球，为地球去"屑"

【品牌及代理】

品牌 / 广告主：康王

广告产品：康王药用洗发水

广告代理：有门互动

案例网址：https://www.digitaling.com/projects/189447.html

【背景与目标】

当前药品广告难做，若诉求直接，平台过不了；若诉求模糊，广告审查过不了。

作为药类洗发水的康王品牌，如何突破壁垒，进一步拉开与普通洗发水常规打法的距离，提升品牌从凭借"产品力"升级为凭借"品牌力"的格局，在营销中有所创新，成了品牌营销的最大命题。

【洞察与策略】

立足社会责任驱动的洞察点。我国城市生活垃圾产生量每年约为 2 亿吨，并且数量仍在逐年上升，城市中到处能看到被随意丢弃的塑料奶茶杯、一次性购物袋、一次性餐具、烟头等，包括这两年因为疫情所产生的大量废弃口罩也随处可见，这些"白色垃圾"对环境的危害极为严重，它们就像地球的"头屑"，影响着每个人的生活。

康王在品牌获得长足发展的同时，不仅致力于解决消费者头皮的健康问题，也一直致力于为人类生活环境的健康尽自己的责任和力量。而新成长起来的年轻人，也有着极强的正义感和责任感，同样热衷于公益和环境的保护。在这样的状况和共通的价值取向中，康王与新时代的年轻人一拍即合！

【创意阐述】

康王品牌可以为消费者去屑，为什么不能给地球去屑？在康王所解决的头皮健康问题里，“头屑反复”是主要病症，如果把地球比喻成头皮，那么“头屑”会是哪种危害？“白色污染”！不仅都是白色，而且也是反反复复、难以根治，既“匹配”品牌，又具有积极的意义！

清除地球“头屑”般的“白色垃圾”，让地球告别“白色污染”，为地球的环境保护，贡献康王品牌的力量！于是，“告白地球，为地球去屑”公益行动来了，如图 6-8 所示。

图 6-8 “告白地球”城市捡跑英雄赛宣传广告

【广告文案】

“不装了，自然不需要你，真正的环保不需要包装”

“塑料关系，不要也没关系，长久的关系容不得塑料”

“这一次，是最后一次，一次性的便利却留下永久性的伤害”

通过海报宣传，以白色垃圾为基础，配以贴切的文案，如图 6-9 所示。

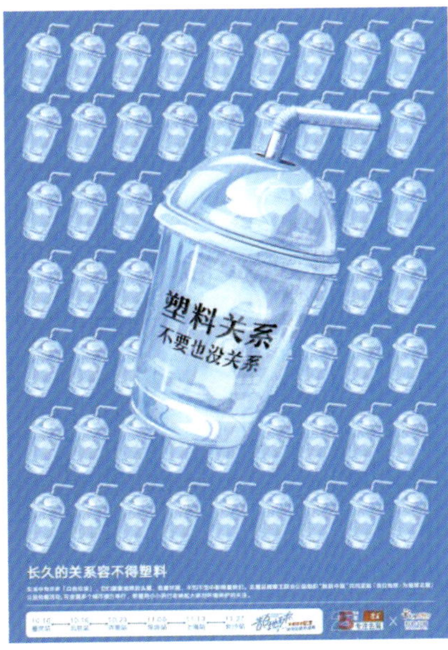

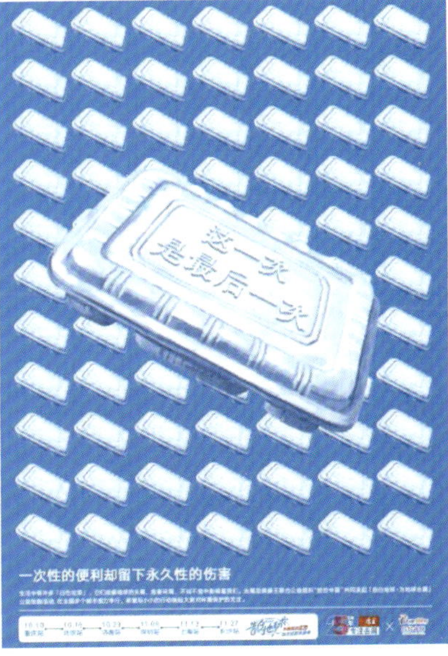

图 6-9 “告白地球”宣传海报

【执行实施】

携手公益组织“捡拾中国”，并联动全国 6 大连锁品牌药房共同发起“告白地球，为地球去“屑”城市捡跑英雄赛。活动历经两个月，接连落地全国 6 个城市，重庆、北京、济南、深圳、上海、长沙发布致力关注户外失控垃圾的公益团队招募海报，如图 6-10 所示。

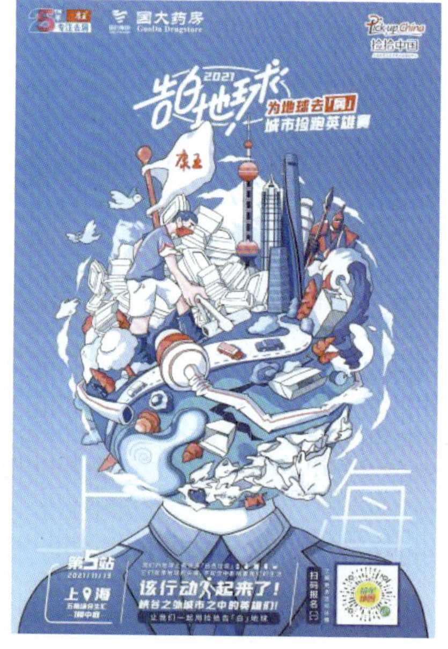

图 6-10　公益团队招募海报

最终“告白地球，为地球去‘屑’城市捡跑英雄赛”完成了一次透过新时代年轻人的传播运动，借助媒体报道、大型（KA）连锁药房的覆盖、明星主播的传播及关键意见领袖 / 关键意见消费者（KOL/KOC）的影响力，实现多平台联动、全链路转化。同时，“告白地球，为地球去‘屑’”将成为康王品牌的公益形象，在未来几年逐步打造升级，影响更广泛的群体。

【结果与影响】

从认知到认同，康王成功塑造了有温度、有深度的品牌形象，在受众的心目中也成为一个具有社会责任感与情感附加值的品牌，如图 6-11、图 6-12 所示。

图 6-11　户外活动照片

拜耳中国品牌事业部市场经理 顾天音

央广网

"边跑边捡"公益行 传递环保理念从身边做起

今天,由捡拾中国主办,拜耳健康消费品旗下康王品牌公益支持,海王星辰连锁药店连锁股份有限公司公益参与的"告白地球,为地球去'屑'"系列公益捡跑活动在深圳卓悦汇购物中心举行。

本场捡跑活动历时2小时,全长7.1公里,由捡拾中国招募的专业跑团组、高校活力组,海王星辰连锁药店招募的电竞组等共计50余人参与。通过"边跑边捡"的公益形式捡拾白色垃圾,践行绿色公益。传递为地球去"屑"的主题理念。

据《2020年全国大、中城市固体废物污染环境防治年报》数据显示,2019年,全国196个

齐鲁晚报·齐鲁壹点

"告白地球,为地球去'屑'"系列公益捡跑活动走进济南

2021年10月23日,由捡拾中国(上海浦东乐芬环保公益促进中心)主办,拜耳健康消费品旗下康王品牌公益支持,漱玉平民大药房连锁股份有限公司公益参与的"告白地球,为地球去'屑'"系列公益捡跑活动在济南印象城成功举行。本场捡跑活动历时2小时,全长3.1公里,由捡拾中国招募的专业跑团组、高校活力组,漱玉平民大药房招募的漱玉去屑组等共计50余人参与,捡拾中国发起人王子人、漱玉平民大药房鲁中大区分部总

重庆日报-随时随地读党报

"告白地球,为地球去'屑'"系列公益捡跑活动在渝开跑

10月10日,由捡拾中国主办,拜耳健康消费品旗下康王品牌公益支持,重庆万和医药连锁公益参与的"告白地球,为地球去'屑'"系列公益捡跑活动在重庆龙湖U城天街成功举行。活动旨在响应捡出一个清洁地球的号召,通过"边跑边捡"的公益形式捡拾白色垃圾,传递为地球去"屑"的主题理念。活动历时2小时,全长3.3公里,由捡拾中国招募的专业跑团组、高校活力组,重庆万和医药连锁药房招募的万和去屑组等共计60余人参

微博热搜

热搜榜

总书记心中的国之大者
1 有一种守护叫中国火焰蓝
2 信号灯被吹倒外卖小哥们动作超统一
3 懒人上半身实用体态矫正包
告白地球
4 马丁靴搭配
5 鸿星尔克成立实业公司
6 双十一算被玩明白了
7 3名留学生伦敦摆摊卖汉服
8 全国消防日致敬蓝朋友
9 刘昊然穿过寒冬拥抱你新预告
10 消防员有双万能的手

图 6-12　活动引发的正向社会舆论

案例四　文案＋观念创意：广告文案的力量

【品牌及代理】

品牌 / 广告主：Midea/ 美的空调
广告产品：美的无风感空调
广告代理：EGGSHELL 蛋壳文化 杭州
案例网址：https://www.digitaling.com/projects/154917.html

【背景与目标】

美的无风感空调借势三八妇女节，提升女性用户对品牌的好感度。

【洞察与策略】

美的无风感空调强调“无风感”，避免冷风直吹，让人有更舒适的体验。而女性在社会生活中会遭受到各种不同的“风”，但是不管外面刮什么风，她敢、她信、她冲，她自成风。从“风”的角度切入，将产品的价值点与女性的人群洞察点相结合，在三八妇女节之际，美的无风感空调以一套海报致敬“女子风度”。

【创意阐述】

借助不同女性角色人物来发声，表达品牌对“女子风度”的敬意，如图 6-13 所示。

图 6-13　“女子风度”宣传海报

图 6-13　“女子风度”宣传海报（续）

从“风感”到“风度”，从“妇女节”到“女子风度”，主题很契合“无风感”和妇女节，有发声、有态度，很应景，立意巧妙，小制作带来意想不到的效果。

【结果与影响】

本活动没有采买任何媒介，仅在企业员工朋友圈、品牌官方微博发布，但获得大量朋友圈转发和广告圈自媒体的收录扩散。

【本章小结】

本章列举了多个优秀的广告实例，这些广告各具特色，虽表现手法、使用媒介各有不同，但共性都在于用心，有效抓住消费者痛点。广告内核有真情实感，只有这样才能感染受众，达到营销宣传目的。

【课后练习】

（1）以课程学习内容结合，理论联系实际，以实际的商业广告项目为任务驱动，分组进行案例讨论，按要求撰写广告设计赏析报告，并以 PPT 方式分享报告。

（2）使用手机扫描右侧二维码查看广告大赛相关信息。

参考文献

[1] 史春霞，黄泽锋. 广告策划与文案写作［M］. 南京：南京大学出版社，2016.

[2] 秦崇伟. 广告策划与创意［M］. 2版. 南京：南京大学出版社，2016.

[3] 王艺湘. 广告策划与媒体创意［M］. 北京：中国轻工业出版社，2011.

[4] 曹大勇，舒江. 广告设计［M］. 3版. 哈尔滨：哈尔滨工程大学出版社，2016.

[5] 赵勤，何桑桑. 平面广告创意设计［M］. 南京：南京大学出版社，2012.

[6] 王红兵，马妮，闫媛媛. 广告设计［M］. 南京：南京大学出版社，2017.

[7] 杨虹，李旭龙. 广告策划与创意［M］. 哈尔滨：哈尔滨工程大学出版社，2015.

[8] 王砺，李征. 平面广告设计与实训［M］. 南京：南京大学出版社，2012.

[9] 张欣，曾维佳. 广告设计［M］. 南京：南京大学出版社，2018.

[10] 刘刚田，田园. 广告策划与创意［M］. 2版. 北京：北京大学出版社，2019.

[11] 刘春雷. 广告创意与设计［M］. 北京：化学工业出版社，2021.